# 社会主义文化论

〔德〕拉德布鲁赫 著

米健 译

Gustav Radbruch

**KULTURLEHRE DES SIZIALISMUS**

Ideologische Betrachtung

© C. F. Müller Verlag, Heidelberg 2002.

本书根据米勒出版社 2002 年版译出

为心地善良、目的高尚，
却在理想与现实之间探寻焦虑、
在宗教与信仰之间徘徊迷失的人们

# 目　　录

第4版序 ……………………………… 阿图尔·考夫曼　1

第3版序 ……………………………………………………… 7

经济和意识形态 …………………………………………… 10
社会主义共同体思想 ……………………………………… 14
社会主义文化观念 ………………………………………… 25
民主的危机 ………………………………………………… 42
论德国政治 ………………………………………………… 58
社会主义与民族 …………………………………………… 65
社会主义与法权 …………………………………………… 70
社会主义的家庭观 ………………………………………… 78
社会主义与宗教 …………………………………………… 82
社会民主与国家 …………………………………………… 94
社会主义与当代的思想状况 ……………………………… 111
社会主义国家与革命的任务 ……………………………… 128
社会人民国家中的法权 …………………………………… 137
歌德和我们 ………………………………………………… 150
后记 ………………………………………………………… 158

附录 信仰·敬畏·向善
　　——拉德布鲁赫《社会主义文化论》札记 ………… 米健　166

# 第 4 版 序

古斯塔夫·拉德布鲁赫去世已经二十多年，但他的著作仍然富有生命力地活着——而他本人在某种程度上也通过这些著述继续活着。这就是拉德布鲁赫的伟大之处：他的生命和他的学术构成了一个不可分割的整体，其文始终如其人，其人历来即其文。

《社会主义文化论》首版于1922年，然后1927年又出了修订版，1949年的第3版没有改动，仅增加了一篇后记。现在呈现于读者面前的版本与第3版相同。这本书实际上是拉德布鲁赫著述中最为著名的部分。他本人从一开始就给这部小书加了一个的副标题："意识形态的思考"。可能使许多人感到惊奇的是，所有要加以斗争和克服的"市民的"思想方式，同样也可以适用于正统的社会主义。但是拉德布鲁赫从来没有顺从这种"信条强制"（Dogmenzwang），即使这是所谓的科学社会主义的强制。对他来讲，认识（Erkenntnis）和信奉（Bekenntnis）是清楚地分开的，但两者又是必然地相互补充的，因为认识的局限要求信奉的勇气，要求决断的冒险。所以拉德布鲁赫赋予意识形态一种绝对的积极意义，只要是它们确实可以去认识，而不是试图假惺惺地借着科学的名义来沽名钓誉。因此他认为，真正的意识形态批评并不在于贬斥并且怀疑对手的观点，而是要将自己的世界观观点作为反思的对象。

人们经常问道,拉德布鲁赫,这个市民阶级的儿子、学者,究竟出于什么念头要信仰社会主义。在他的生平回忆录《心路历程》中,他自己对此做出了答复。他在其中写道,那还是在第一次世界大战期间,"我从军官和士兵的关系当中不过是对阶级国家的实质有了一个表面的认识,并且由此获得了对社会主义信念的最终确认……每天我都从周围不断学会认识和热爱人民,如同歌德曾经有一次说过的那样,'被称作底层的人们在上帝面前却是至尊的'"。他还继续写道:"在康德的《实践理性批判》中有一段话,这段话是说,总是存在着一种罪过感、一种原罪意识,最好要比他人更好地拥有,而不必比他人更好地存在。但最好不要想去比他人更好地拥有,这却一直是我的社会基本情感。由于受教育者们,即有产者们的伟大阴谋,这种情感我从来都没有像在军队里那样如此强烈,它能够使所有的人完全不考虑彼此联系的阶级意识的个别性。"*①

但是拉德布鲁赫也感觉到了这种冲突:"学者的,或者更概括地讲,有着市民的职业和市民的生活方式的人,他在一个工人党派中的问题是双重的:一方面是对一个党派的政治问题;另一方面是对学者本人的良心问题。党内同志对学者的不信任有其充足的理由:现存的联系可能比那种思想上的联系更为固定,与工人党派的联系通过无产者现实存在的固定联系要比那种通过思想而实现的

---

\* 本书注释除特别注明作者原注的以外,均为译者注,由于数量较多,以下不再一一标注。——译者

① 拉德布鲁赫这里要表达的意思是,现代战争是由那些受过很好教育的、掌握政权的有产者们发动的。但在作为主要战争机器的军队里,却有来自各个社会阶层的士兵、军官。所有这些士兵、军官都在军队中获得一种共同的社会基本情感,无论他们是来自哪一个社会阶层。

精神联系远为持续和不易变化……"更难的是另外一个问题，即工人党派内部的市民成员的良心问题。对于这种市民成员来说，虽然来自于党内同志圈子的生活方式和政治观点之间的对立不像与政治对手之间的对立那样多，但却总是存在。即使他本人也不止一次地自我责备说：在每个比较有教养的人那里，不管他是不是一个社会主义分子，良心的轻语是如何唤醒人的良知的，"如果他意识到，他的生活要比别人好得多；假使这种警示确实与基督教的博爱伦理，即爱人如爱己，爱己莫过于去爱他人相一致"。①

拉德布鲁赫对于社会主义的信奉是与一种非常深刻的宗教需要相一致的。他的著述对此提供了许多证据，不单单是眼前这本小书（尤其是"社会主义与宗教"和1949年的"后记"），还有他和社会主义论者的神学家狄利希共同撰著的《文化的宗教哲学》，这是他仍然处在战争的直接印象下完成的作品（1919年第1版）。当然，他在这部作品中所表明的立场与当时社会民主党的官方立场是难以获得一致的，对此，拉德布鲁赫也没有过任何隐讳。他在其回忆录中写道：人们在社会民主党的魏玛时代"过于低估了的力量中包括着宗教和教会。对于这个在党内生活暴露出来的情绪漏洞，我早已认识到了，……并且尝试过在诠释党的纲领时对于那种纯粹消极的'宗教是私事'的立场观点予以超越……在针对教会和宗教的有节制的立场上，当社会民主党在所能预见的时间内只是作为一个反对党来思考问题时，那么这个党所接受的习惯就发生着作用"。

---

① 考夫曼在此引用拉德布鲁赫的话没有注明出处。序言中以下的一些引语场合亦同。

可惜，他本人没有能够亲眼看到他和党内其他朋友在这方面所作努力的结果。只是在他去世十年以后，社会民主党才在其《戈德斯堡纲领》(Godesberger Programm)中对于宗教和教会做出了积极的决议。

以上所说的可能会造成对拉德布鲁赫的一个错误印象，人们切不要因此认为，他也曾是某一类型的宗教性人物。如同他作为一个社会主义者绝没带有信条强制一样，他对宗教也持同样的态度。他曾说过："信仰是一回事，而神学是另外一回事。""为什么就不能有一种无上帝的宗教呢？上帝是神学，不是宗教。"[①]宗教，在本书被称作是"无视一切而对生命的赞许"，而且"即使，或者恰恰是因为它对上帝和天堂、《圣经》和信奉、使徒和教会一无所知，它仍然是宗教"。

拉德布鲁赫是一个自由思想者、无神论者吗？是，还是不是？让我们再重新看看他自己是如何说的吧："即使是在'自由思想者'的无神论者那里，也还有这么一个位置，在信仰者那里，上帝就是在这个位置上获有一席之地，这个位置并非简单地空着。人们可以有充分的理由说：天生的宗教灵魂(anima naturliter religiosa)，对于我们的文化圈来说，人们甚至可以追溯到这句话（特尔图良

---

① 阿图尔·考夫曼(Arthur Kaufmann)涉及这一点的其他著述：《古斯塔夫·拉德布鲁赫——法律智慧的智者》(Gustav Radbruch, Aphorisemen zur Rechtsweisheit)，哥廷根，1963年。另见理查德·豪瑟尔(Richard Hauser)：《埋藏的生命线——古斯塔夫·拉德布鲁赫和宗教》(Die verborgene Lebenslinie)，载《古斯塔夫·拉德布鲁赫纪念文集》(Gedächtnisschrift für Gustav Radbruch)，考夫曼主编，哥廷根，1968年，第50页以下；赫尔曼·克莱默尔(Hermann Krämer)：《作为党派政治家的拉德布鲁赫》(Gustav Radbruch als Parteipolitiker)，载《古斯塔夫·拉德布鲁赫纪念文集》，第221页以下。

〔Tertullian〕)的最初形式:天生的基督教灵魂(anima naturaliter christiana)。"那么结果呢,无神论者同时就是基督徒吗?完全如此!拉德布鲁赫采取了一种形象,这就是后来恩斯特·布洛赫(Ernst Bloch),一个社会主义的哲学家以其显然是悖论之语所说的:"只有一个无神论者才可能是一个好的基督徒,某种程度上,也只有一个基督徒才可能是一个好的无神论者。"拉德布鲁赫正是在这样一种关系中,在这样一种悖论中,在这样一种极端的状态中生存的——的确,他在这里看到了人的生命固有的实质和意义:"如果不是末日世界的拒绝从而决定了生命,那么实在(Dasein)会多么多余。……这个世界太丰富了,以至于不能使之禁锢于一种唯一的真实之中。"

吕贝克另一个伟大的儿子托马斯·曼(Thomas Mann),曾经自己证明出于"宗教的廉耻"(religiöse Schamhaftigkeit)而感到极难口头谈及或者完全下笔提及"至上者的名字"。和托马斯·曼一样,拉德布鲁赫也羞于提及"神圣的名字",他虽然在某些地方对其有所涉及,"但却未曾想过论短道长",进而去表达什么不同于这个伟大的无名者所说的其他一些东西(《心路历程》)。对于拉德布鲁赫来说,宗教既不是"神务",也不是"俗务",更不是有把握的占有真理。"它不是一个人们一旦进去就不想再出来的修道院,而是一个人们可以略微定神思想和依墙小憩的路边小亭。它是一种色彩,这种色彩不是要描绘什么完成的画面,相反,它只是从我们眼中那些并排陈列的多彩斑斓的对象中尽可能灿烂地重新制造。宗教不是一种状态,而是一种行为。"

按照拉德布鲁赫的理解,基督教和社会主义都关注爱及他人的使命，两者的目的都是更为人性的世界。所以，他由此得出的结论十分合理："假使在这个世界上从来就没有过基督教，那么也就不会有什么社会主义。"不过人们也不必因此就反过来问："假使没有社会主义，那可能就没有真正的基督教了吗？"拉德布鲁赫的生平与著述就是对此问题的一个不会使人误解的回答。

阿图尔·考夫曼

1970年6月于慕尼黑

# 第 3 版 序①

这本书是献给三个基尔朋友的,这是三个社会民主党人士、三个我们曾经历过的无情岁月的牺牲者:威廉·施皮格尔(Wilhelm Spiegel),律师和著名的地方政治家,一个温和政治、公正和智慧的榜样,他在反对派夺取权力后立即在他的住所被黑暗中冲进来的人们从背后开枪打死。奥托·爱格尔斯蒂特(Otto Eggerstedt),以前所未有的勇气面对死亡,为自己发表了墓前悼词(Grabrede)。奥托·爱格尔斯蒂特,这个精明强干的、勇敢无畏的、政治方面有很高天赋的基尔党书记,他在正常工作的情况下被隔离于帕蓬堡的仓库中,致使监视他的警察实施数日来就已谋划的对他的枪杀成为可能。恩斯特·坎托罗维奇(Ernst Kantorowicz),社会政治家和基尔中学校长,后来是美因河畔法兰克福大学的教师,一个体现着真诚、高贵人品的人,首先经历了在布痕瓦尔德集中营的苦难,在被释放后又因为他的妻子的行为被放逐到荷兰,在那里最后感染了瘟疫,先被送到德蕾莎城,后又被转至奥斯威辛以众所皆知的残酷方式夺去生命。而与此同时,他的妻子和女儿在贝尔根-贝尔森集中营也被以同样悲惨残酷的方式杀害。

---

① 作者原文没有写明作序日期。

如果德意志民族忘记了这些罪行和对其他成千上万的人犯下的同样罪行，那么德意志的集体罪过就可能成为真实。

古斯塔夫·拉德布鲁赫

# 纪念牺牲于非人性的三个基尔朋友[①]

奥托·爱格尔斯蒂特

恩斯特·坎托罗维奇

威廉·施皮格尔

---

[①] 奥托·爱格尔斯蒂特(Otto Eggerstedt, 1886—1933),专业面包师,早年曾在工会和社会民主党中工作。第一次世界大战中服兵役四年,战后被选为基尔市议会议员和社会民主党的书记。1921年3月到1933年6月被选为国会议员,1927年被任命为普鲁士政府顾问和万德斯贝克(Wandesbeck)区警察局局长,1929年任阿尔通纳-万德斯贝克(Altonna Wandesbeck)警察总监。1932年6月17日,共产主义者与SA之间的流血冲突,即"阿尔通纳的流血星期日",造成了12人死亡,众多伤者。其起因之一是为了当时的宰相冯·帕蓬(von Papen,1879—1969)。根据当时的国会议长兴登堡(Hindenburg)于1932年6月20日发布的一道紧急状态法令,当时执政的布劳恩/瑟韦灵(Braun/Severing)政府及其政府官员,包括爱格尔斯蒂特都被撤销职务(帕蓬的"普鲁士打击")。1933年5月24日,爱格尔斯蒂特被送往集中营,次年12月12日被杀害。恩斯特·坎托罗维奇(Ernst Kantorowocz, 1892—1944),1920—1930年在基尔市任高级顾问候选人和高级法律顾问。1930—1933年在法兰克福国家教育学院任国民学和社会学教授,1944年在奥斯威辛集中营被杀害。威廉·施皮格尔(Wilhelm Spiegel, 1876—1933),律师,1911—1933年任基尔社会民主党市议员,1919—1924年任市议会议长。1933年3月12日夜里1点半,两个男人强行进入施皮格尔的私宅,其中一人从脑后开枪当场将其杀害。1945年第二次世界大战结束后,其中的一个凶手被怀疑是冲锋队成员,在调查期间该凶手自杀。

# 经济和意识形态

展开"意识形态的思考",对于许多唯物主义历史观的笃信者来说似乎是有些闲来自找烦恼。① 这个学说尖锐深刻的阐述的确揭示了一种现象,即经济学历史观,如同它在法律、国家、艺术、科学、哲学和宗教当中所表现的,它使得意识形态成为一种没有任何自身意义,没有任何自身规律性的,由相应社会关系强制进行的表达,成了一种不是要培养促成,而是要通过经济原因的指示去破坏的幻象。

这种并非真正意义上的经济学历史论经常被人津津乐道。早在卡尔·马克思将这种理想作为"在人的头脑中移植的物质"予以说明时,"这种移植"就不能不被理解成为这样一种物质,它是以新的面貌出现,但又不能从原有物质基础上引申的文化形式,于是乎也就被转化成一种新的实在形式(Daseinsweise)。② 而弗里德里希·恩格斯在他一封著名的信件中也指出,他和马克思在探索内容

---

① 关于拉德布鲁赫对于"意识形态"这个概念的理解,按作者在本书第1版序中所作的说明来理解,是专指社会主义的意识形态。

② "被转化"这种表达语出马克思《资本论》。参见其德文1872年第2版,收录于马克思列宁主义研究所编辑出版的《马克思恩格斯全集》,第23卷,1962年版,第27页。

方面的问题时,或许是忽略了对于形式方面问题的研究。①

事实上,当物质在独立于它的,具有固定形式的个别文化领域发生意识形态方面的作用过程中,就已经将自身特征置于作品之中。按照恩格斯的话说,现在就要能使意识形态回溯到"其本身原因"上去。崛起的市民阶层的自由意识形态就可以提供一个例子。这种自由,即崛起的市民阶层所说的自由,只是成长资本的活动自由(Ellbogenfreiheit des werdenden Kapitals)。然而,这种自由却被移植成意识形态的"正当形式"(Form Rechtens),这就是说:正义的平等形式和一般形式。这样一来,出于成长的资本的自由需要,它就转而表现为法律形式下的自由,即国家公民的自由,所有人同等的自由——同时还有劳工阶层对抗资本家的联合自由。这样,意识形态又反过来对其自身的物质原因,即对资产阶级的力量发生了作用。②

但是不仅仅文化形式,而且还有文化理想,都对它所由以产生的经济状态和政治运动所要表达的社会关系和状况发生不可忽视的影响,每一个政治运动在社会学上都必然地要引出一种意识形态。假如一个党派最初不过是由其追随者的共同利益组成,那么当它一旦形成后就不得不立即将其特别的利益也作为一种普遍的利益确认,至少是予以提出。这种命题,即在追求自身利益的同时也去实现一种普遍的利益,是每个党派意识形态的实质。假若这样一种党派意识形态首先不过就是那种迷惑人的外衣,并以这种外衣来

---

① 语出恩格斯,参见其1893年3月—1895年7月之间的书信。
② 这句话同样见于拉德布鲁赫的《法哲学》中。

掩盖它纯粹的利益：即凭着社会强制力会很快获得更多利益。党派的意识形态不仅仅是要用来和对手进行斗争，而且还要在将来争取更多的追随者。在通过某种利益与党派联系在一起的核心力量周围，形成着越来越广泛的党员圈子，他们的党派属性不是通过党的利益，而是通过党派观念来确定的，所以，这个党派核心就自然会坚决要求持续不断地、无休无止地计划实现党派观念的渗透和利益成本的增加。于是乎，党就为党派观念所捆绑，而党派观念又为党所拘束。

除此以外，党派意识还以另外一种方式超越党派利益而成长。即使是党派斗争的军队，为了使之不成尾大不掉之势，也必须不断地拓展其思想战线。党派之间的竞争使得每一个党派都必须要对所有的公共生活问题提出一个纲领性的观点，即使是对于那些与其根本利益相距很远甚至不存在任何关联的问题也要如此。因此，一个党派的纲领总是要接受越来越多的要求，这些要求可能依旧只是出于意识形态的考虑，而不再是基于社会条件的需求。

如同希望是思想之父那样，利益可能总是意识之母：如同别的母亲一样，这种利益也不是要妨碍其儿女长大成年以后去展开自己的人生。不过，因为眼下我们说的利益是以意识为基础的，故这本身就给意识的逻辑提供了其不断地按照自身的法则发展扩张，以至于很有可能竟会与它原本应该为之服务的利益背道而驰。如果利益不可用来服务于意识，那么这种利益也就不能为意识而有所作为。无论利益是否愿意，都会因社会的必然性而成为意识的工具。正因如此，历史唯物主义才指出了一种最终结局，它作为一种理想主义的形式，在某种程度上不是作为一种理想动机的主观理想主义,而确实是作为一种具有获胜可能的客观理想主义,它也可能在其效力过程中强加进去一些非理想的动机——"这就是所说的理性的计谋:目的是要唤起人们的激情"(黑格尔语)。马克思主义绝对没有否认它的黑格尔哲学来源。因此,一种社会运动可以有双重的理解:一方面是出于阶级利益的历史唯物主义观点,而阶级利益要利用其意识形态;另一方面是出于这样一种意识的历史哲学,即它知道必须要以实现其阶级利益为本职。除了唯物主义的宣称之外,历史的理想主义解释也可以获得一席之地。

经济与意识形态的关系在性与色情的关系中获得充分的、具有说服力的反映。人们乐于这样认为,即所有的色情可能都只是"美化的性"(sublimierte Sexualität),然而人们又不想把色情回溯到性中去,不想放弃以色情编织的,目的在于掩饰赤裸裸的性事的骗人面纱,也不想放弃那种通过色情而了解性的表达形式。目的在于经济的意识形态的把戏,如同以性表达色情的把戏一样,实际上不只是把戏,而是最实际和最有效的现实。[①]

---

[①] 译者曾在法律出版社 2006 年版《社会主义文化论》的译文中做过如下译者注:"拉德布鲁赫在此所举的例子是以西方文化为背景的。在东方文化中,特别是在中国的文化中,色情始终没有公开的、合法的地位。色情与性之间也没有有意识地予以区分。因此,这个例子对于许多中国读者来说可能有些困惑。"然而十几年过去,当时所做的译注似乎已经过时,因为今天的中国社会所出现的种种虽然不被承认,但却真实普遍的"色情文化",已经足可以使读者理解作者这个举例的含义。

# 社会主义共同体思想[①]

共同体理想/共同体和个性/共同体和民族/共同体伦理：同志关系/共同理念/劳动热情

《爱尔福特纲领》(Das Erfurter Programm)把社会主义社会当作是经济发展的一个绝对必然的目的。但这个纲领中却并没有谈到社会主义不仅是一种"自然的"、历史的，并且还可能是一种道德的必然性，甚至还是一种前提条件。按照黑格尔的方法，历史的和道德的必然性被融合为一个不可分离的整体；恰恰是在这种融合中，这种以道德为基础的，因而不可避免的主观主义落地成为一种

---

[①] 在此很乐于引介一系列思想内容相同的文章，首先是亨德里克·德·曼(Hendrik de Man)的《社会主义心理学论》(Zur Pyschologie des Sozialismus, 1926)、《知识分子和社会主义》(Die Intellektuellen und der Sozialismus, 1926)；格特鲁德·赫尔梅斯(Gertrund Hermes)的《马克思主义劳动者的思想形态》(Die geistige Gestalt der marxistischen Arbeiters, 1926)。此外还有爱德华·海曼(Eduard Heimann)的《阶级斗争的道德观》(Die sittliche Idee des Klassenkampfes, 1926)；卡尔·曼尼克(Carl Mennick)的《作为运动和使命的社会主义》(Der Sozialismus als Bewegung und Aufgabe, 1926)；阿尔伯特·柯兰诺尔德(Albert Kranold)的《社会主义中的个性》(Die Persönlichkeit im Sozialismus, 1923)、《社会主义中的强制与自由》(Zwang und Freiheit im Sozialismus, 1925)、《论作为道德观念的社会主义》(Vom Sozialismus als sittlicher Idee, 载其全集《生存着的社会主义》〔Der lebende Sozialismus〕)；最后还有瓦尔特·G. 奥斯齐留夫斯基(Walther G. Oschilewski)主编的青年社会主义读本《行动》("TAT", 1927)。批评的文章参见卡尔·考恩(Karl Korn)的《社会主义的世界观》(Die Weltanschauung des Sozialismus, 1927)。——作者原注

历史预言的客观性,于是产生了恩格斯所说的"社会主义从乌托邦到科学的发展"。[①] 社会主义不再处在人类愿望和希望摇摆不定的地面之上,而是建立在一种可以证明并不可反驳的牢固思想基础之上。它使人们相信,这是一种不可逆转的命运,所以必须放弃任何抗辩,而且还要给它插上希望的翅膀,社会主义由此才赢得了其富有魅力的鼓动力量。

但是这种将两个本可以分离的问题相互纠缠本身是危险的。毫无疑问,我们不能真的这样认为,社会主义的道德必然性问题肯定能仅仅依靠未经检验就接受的流行价值观而予以非常表面化地回答。《共产党宣言》宣称了一种联合(Assoziation)的思想,"在这个联合中,每个人的自由发展都是所有其他人自由发展的条件"。[②]《爱尔福特纲领》明确指出了作为社会主义道德意义上的自由和平等,最高社会福利和全面和谐的实现。两个文献都表明了最终的价值,这些价值属于个别人生活,而不是社会整体生活,由此所建立的社会主义经济纲领,绝对是以个人主义的世界观为基础的。在此之后,社会主义又寻求通过另一条道路达到其个别人性实现的同样目的,该目的将资本主义时代的个人主义作为其最高的理想来看待。它表明,即使是社会主义的思想形成本身也不能摆脱经济力量关系的条件限制,为了全部的时代精神,它强调着唯物主义历史观。然而也正是因为如此,在相对于社会主义而渐渐成熟的一种经

---

① 语出社会民主党的《爱尔福特纲领》。
② 《共产党宣言》中的这句话翻译不一样。有些版本译作:"代替那存在有阶级以及阶级对立状态的资产阶级而起的,将是一个以个人自由发展为大家自由发展条件的协会。"参见《马克思恩格斯文选》(两卷本),第1卷,人民出版社1958年版,第30页。

济制度的影响下,一种与社会主义本质相近的世界观也眼见着逐步成熟。不仅如此,事实上人们只要是略有较好的听力,就能够通过人民大众那轻手轻脚的步履、青年人那清晰可闻的步伐觉察到时代精神的脚步。不久以前还基于具有时代烙印的"个性"和"超人"这些概念词语之上的全部热情,正在日益失去其光辉和色彩,而新的概念词语则获得了越来越广泛热烈的和声,其中首先是"共同体"(Gemeinschaft)这个词语。①

如同社会主义的社会学表明个别的人不可避免地要置身于共同体中一样,社会主义的意识形态同样也不能离开共同体去寻找其个性理想。假若大地之子(Erdenkinder)的最终目的仍然是个性,那么个性的意义就不是出自共同体但又与之脱离了的超人个性,而是共同体中的个性。但是,如果共同体不是一个共同事物的、一个共同劳动的、一个共同成就的共同体,那么它就只能作为一个纯粹的共同体梦幻(Gemeinshaftsschwärmerei)存在。共同体不是一种人与人的直接关系,而是人通过共同的人的使命而实现的一种结合,即一种共同事物的、共同斗争的、共同劳动的、共同成就中的结合。 于是就产生了对我们来说的一个社会主义世界观公式:共同体中的个性,劳动成就中的共同体。这里陈述的公式首先只是作为一个命题,证明这个命题对社会主义文化观念的适用,就是本篇文章的全部任务。这个命题将表明,所有不同文化领域的社会主义意识形态都可以回溯到这个统一的原则上,而且从此原则出发演变

---

① 语出费尔南德·滕尼斯(Ferdinand Tönnies)有名的著作《共同体与社会》(*Gemeinschaft und Gesellschaft*),1897 第 1 版。——作者原注

成一个自成一体的体系。不过首先还是要来说明,即使是其他对社会主义无所知的意识形态,最终也必然要在社会主义共同体观念中超度(ausmünden)。

恰恰也只是在这样一种共同体观念中,才能实现这样一种价值,即把别人的观点作为最终的、最高的价值。就此而言,特定的个性如同特定的民族。个性属于人们只有在不去追求它时,才能够实现的那种最高的价值。人格只是人为了事业而忘我牺牲的不令人失望的奖赏,只是礼物和恩惠:"想要寻求保持其灵魂者将失去其灵魂,而失去灵魂者却会帮助其灵魂获得生命。"① 人们只有通过忘我的脚踏实地才能获得人格。一个想要以热情的努力掌握一种书法的年轻人,其所得可能只是一种难看的,从来不是一种有特征的书法。因此,想去直接获得某种个性的人永远也不会获得一种个性,而只能是手中镜子反射的花花公子的影子。个人主义的时代将虚浮的精神生活投放了出来,这就是追求权力的实际生活。但是没有一个有序的目标而自立其法则的意志,只是一种想能满足无穷欲望的意志,一种不断扩张自己意志范围的意志——"权力欲"。在这样一种围绕自身的空洞循环中,只要一个有序的共同体和追求的成就不赋予它以内容和方向,那么这种意志就只能被否定。就像个人主义在将自身交付给共同体并且在其中重新发现自我之前的追求一无所获一样,对此,多少受到早期社会主义的圣西门思潮影响的歌德,曾在其含义极为深刻的政治小说中以其特有的德意志口吻予以阐明。威廉·麦斯特(Wilhelm Meister)在其"学习岁月"

---

① 拉德布鲁赫引用的许多漂亮句子都没有注明出处,译者很难一一予以考证补注。此处即一例。

(Lehrjahren）中散漫无目标地辗转漂泊，以追求其个性，但是他之所以发现了其个性，是由于他在"徘徊岁月"（Wanderjahren）中放弃了追求个性，是由于他决定要在一个包容广泛的共同体中忘我地献身一个有限的成就。青年人认为，生活大概就是个性的扩张；壮年人知道，生活即是命运的实现，而老年人则以其高兴的惊诧意识到了，恰恰就是这种实际献身的命运实现，才是个性扩张的必经之路。

适合于个人人格的，也适用于一种民众的、民族的总体人格。即使是民众和民族的总体人格，也不能通过热情的努力而获得，它只是一种礼物和恩典。人们津津乐道的"乡土艺术"（Heimatkunst）和"祖国诗情"（Vaterlandsdichtung），总是表现为艺术上的两个类别。但是，追求人性伟大对象的艺术，同时又不可避免地具有民族性。哪里直接追求这种民族性特征的实现，哪里就会从民族情感发展到大国沙文主义。所有国家的沙文主义者都会以本身的实质至少表明这么一点，即他们所为之奋斗的就是民族特征。可在所有民族必然地以同样的手段展开的力量角逐中，各个民族却不知不觉地越来越丢失了其民族特征。在第二次世界大战中，法兰西"精神"（Esprit）、英格兰的"共同意识"（common sense）、德意志的"气质"（Gemüt）之间的相互搏斗，难道不正是这样吗？所不同的只是表现为机关枪、飞机和坦克的数量和规模。这恰恰就是战争最深层的无意义性，即以力量的手段来决定其民族特征的影响和扩张，而这种力量和与影响根本没有内在联系！所以，此处出现了一个民族主义国家观念的目的和手段，即民族和力量之间的难以克服的矛盾。这就像个性只在其自身中寻求其目的一样，民族也必然从一种最终失去目标的意志发展成追求某种力量。可是,这种力量意志最终将民族特征像个人特征一样完全撕裂。如同人要获得人格便需要在人格人之外设定一个任务一样,民众为了获得民族性,也需要在民众之上设定一个使命。

由此,可以证明个性和民族性思想都是以共同体思想为基础的。而从共同体那方面来说,它又反过来以一种交互影响(Wechselwirkung)证明着个性和民族性,这种循环永远也不会中断。就像个性只能通过献身于劳动成就和共同体才能够得到发展一样,劳动成就重新又是人格的延伸,共同体只能从个性的生命中获得本身的生命。总是在共同体中生存的人,将很快穷如乞丐。恰恰是内在的共同体生活促成了许多孤寂的时光,在这些时光里面,灵魂的泉涌又以生命之水重新充盈。如同个性一样,民族也以真正的共同体为前提条件!个别化的劳动成就既不是共同体的目的,也不是在图书馆中放满的书籍和矗立在大地之上的高大雕柱,相反,是文化,也就是说,分化的整体,富有生命的统一,所有的文化作品都集中在这里体现。不过,这种统一并非存在于作品本身之中,而是存在于它所包含的意识之中,但它不是文化的丰富根本无意接受的个别意识,而是存在于民族总体意识和人性共同意识中的意识。所有的文化都是从民族开始又回到民族。没有民族共同体的文化是不存在的,因为文化不外乎就是那种一个民族于其中存在的精神,反过来说,没有文化的民族共同体也是不存在的,因为一些人群正是通过文化而形成一个民众、一个民族,一个民众或民族正是在他们的文化中获得了他们的共同体意识。

从共同体的思想中产生出共同体伦理的基本要求。在全部成员之间,共同体要求他们彼此之间的同志关系,对于每个成员与共同体之间,共同体要求其具有共同意识,而对于其成员与共同体方能创造的东西,即其共同成就之间,共同体要求他们具有劳动热情。同志关系、共同意识、劳动热情,这是社会主义道德的基本思想。

同志关系(Kameradeschaft)①——这个词引出特定的概念。同事是最初的我与他分享阁室,即房间一角的那个人;同志关系也就是一种个人的联系状态,它不是出于爱好,而是产生于一个共同的外在状况。形成同志关系的最突出表现是具有共同的对立关系,但是当同志关系仅仅是基于对一个群体或针对另一个群体的对立关系的归属,而不是基于一种共同的、超个人利益的基础,那么我们则可能是不无挑剔地说这是同志情态(Kameraderie)。真正的同志关系之存在于这样一些人当中,他们通过一个共同的事实、一个共同的工作、一个共同的成就联系在一起——只是在"共同体"当中。同志关系的最高形式是"同道"(Genosse)。然而,同志关系还不是友谊关系,因此要比较细心地将其与友谊关系区分开来,因为同志关系常常不知不觉地过渡到友谊关系。同志关系是一个圆圈,它

---

① 拉德布鲁赫在此采用了两个表达方式,即"Kamerade",此处译作"同志";"Genosse",此处译作"同道"。通常情况下,同事、同志及同道的称谓对于我们来说似乎不是一个太让人困惑的问题。但在拉德布鲁赫此文的语境中,却将这几个不同层面的"共同体"关系严格区分开来,而且有其合理的思想内涵。严格意义上,德文的"Kamerad"或"Kameradeschaft"有时也可以理解为"同志"或"同志关系",但在广义上却有困难,它不能完全涵盖拉德布鲁赫此处所说类似"同事"的内容。另外,拉德布鲁赫将"Kamerad"的最高境界或形态称作"Genosse"(同道)。此处译文的语汇选择,实际上是因循拉德布鲁赫的语境,即将"Kamerad"与"Genosse"予以区别并在中文上分别以"同志"和"同道"表述。不过,现今德国社会中,无论是"Kamerade"抑或"Genossen"都很少在口头语言中出现。纳粹时期,纳粹党内部经常使用"同志"一语互称(Kamerad),故现今德国人有些忌讳用"Kamerad"(同志)一词。

从外面围绕着我们；友情关系是一个圆规，它以自己为圆心，并给每一个在自己周围的人都打下了自身爱好的烙印。在同志关系中，人们是因为一个共同的事业顺路同行，而在友情关系中，人们有情感的直接接触。友情就是朋友之间的共同个性，它将人与人以其全部身心联系在一起；同志关系则仅在人们处在那种共同的职责当中时才将人们联系在一起，也就说，只是双方个性的有限部分才相互发生关系。友情关系可能是单方面的，我们可以用歌德的菲琳娜的语言说："如果我爱你，又何求于你？"① 而同志关系是"相互对待的帮助"。友情关系是一种爱的共同体，一种相互的属于；同志关系是一种工作共同体，一种相互提示存在的状态。友情关系是一种人们不能要求的感觉，同志关系是一种人们可以要求的行为。以某种非人身的或仅仅是部分的联系为代价，同志关系获得了这样一种能力，即将成千上万的人置于其圆圈之中，而友情关系则只是一种想使人们在自己身边聚集的联系密切的个人范围。所有人都是兄弟——这是一个美丽的梦；所有人都是同事——一个还不可能获取的，然而却显然可能。对于这种同志关系没有从概念方面作充分思考的人，我们倒乐意称其是那种伟大的、奇妙地单纯和强烈的、对

---

① 菲琳娜，是歌德《威廉·麦斯特的学习时代》中的人物，聪敏伶俐，善解人意，爱上了书中主人公威廉·麦斯特。此处语出该书第4篇第9章威廉与菲琳娜的一段对话："当威廉说完后，菲琳娜看着他含笑说：'你真是个傻瓜，我知道什么对你有好处。我就待在这里，我不会从这个位置走开。对于男人的谢意我从来不当回事儿，你的也是一样。假如我爱你，那我对你又有何求？'"实际上，歌德这句话是从哲学家斯宾诺莎的《伦理学》之中的一句话引申出来："真爱上帝者，必无所求，而上帝也会爱他。"歌德《诗与真》第14篇中说他对这句话领悟很多，认为："对所有的人都不要自私，在爱和友情中不要自私，是我最大的乐趣，我的人生准则，我的实际行动。所以那句话'假如我爱你，那我对你又有何求？'是我发自内心的想法。"

新的共同体情感不遗余力的粗犷歌颂者。同志关系意味着什么：那就看看惠特曼(Walt Whitman)所说的吧！①

我们确实有时也用"团结"(Solidalität)来取代同志关系这一表达："团结是一个外来的、不够充分的外来词，是用以说明发明了这个表述的无产者阶层最深刻的内心经历。团结是说：人人为一人，一人为人人②，这意味着为了一个共同的事业要丧失较有保证的工作职位、失业、炊中无米。团结意味着对无产者组织无需报偿的、自我奉献的微薄贡献，意味着在资本家工厂里面进行了一天的辛苦工作之后，还要为了组织的利益而牺牲周日和假日的个人时间而继续加班。团结意味着为了同志的缘故可能坐牢、被放逐、意味着在街垒巷战中的死亡。团结意味着为了较少的工时而放弃最高的工作效率，意味着群体工作纪录的设置，以使体弱者任何情况下都能够承受。所有劳动者可以意识到的对其阶级同志的诚实信用，为了共同事业的牺牲热情，都包含在这个词中。它是用以概括那种在共同体形式中彼此联系经历的表达，对于思想简单的人的情感来说，这种共同体似乎是最高和最实质的结合，"即社会行为外在表现的现实"(格特鲁德·赫尔梅斯)。③

---

① 惠特曼(Walt Whitmann, 1819—1892)，美国著名诗人。代表作有《草叶集》等，在西方国家，特别是英美社会有很大的影响。惠特曼被认为是美国历史上最伟大的诗人之一。作者在此提及惠特曼，概以其作品最能够反映共同体情感且对同志关系也有非常充分的描写渲染。

② 或译为：我为人人，人人为我。

③ 格特鲁德·赫尔梅斯(Gertrud Hermes, 1872—1942)，一个普鲁士高官的女儿，最初在一个女子高中任教师，后来成为一个社会教育家和政治家，莱比锡大众高等学校的创建人和校长，历史学者。拉德布鲁赫对其评价甚高，所引之语即出自赫尔梅斯，但并没有标明具体出处。

于是乎有了共同理念(Gemeinsinn)——人们也可以说：社会感(soziales Gefühl)。它是人们在行为的每时每刻都能意识到其行为不仅会对人与人之间即刻产生影响，而且还会对整个社会、对其秩序发生长远作用，因此对所有人的福祉充满责任感的那种感觉。假如说这是那种对于素不相识的人的爱，即最古老的爱，那么祖国之爱的共同感知就是最古老部分。实际上就像国家通常所呈现的具有三个组成部分那样：国土、民众、法律和经济秩序，祖国之爱也有三种类型：它们是家乡情感、民族意识和共同理念。在某种程度上说，共同感知是祖国之爱的最平和方式，至少在欢乐的歌曲和词语都可以见到这种爱，而且毕竟恰恰是由此产生了爱国主义这个名称。还是在18世纪，人们就特别在爱国者这个名称下理解如此从事工作的公民：他致力于客观的共同体利益，让我们所有的人居有家舍，行有乐趣。而对于我们来说，爱国主义重新又成为祖国之爱的核心和关键部分。我们有理由在未来对祖国之爱的第三种作用特别给予重视。因为这一层面的祖国之爱是将祖国联系在一起的，而不是将其分离。而多少有些出于故土情怀的家乡情感却将我们框定在我们童年时代的狭窄区域，至于民族意识，则是以一种将我们与其他民众区别开来的特征作为基础的，共同理念则超越了处在城镇和国家中的个别人的共同体，进而毫无间隔和最终直接地扩展到在此地球之上的所有国家的共同体之上。让·饶勒斯说过："少一些爱国主义会远离国际主义，而多些爱国主义就会回到国际主义。"①

---

① 让·饶勒斯(Jean Jaurès, 1859—1914)，1914年以前法国社会主义（接下页）

最后，劳动热情。对于共同体事业的奉献也许可以用一种不夸张的、平实的词予以最合适地说明：务实——假如人们仅仅知道，什么样的务实是好的东西的话。促使人们去工作的动人理由有多种多样，在好的情况下是爱好倾向，但经常是虚荣、炫耀，大多数情况下是获取的意识，最后还有生计需要：工作将为我们提供衣食。但是现在我们已经在工作，我们忘记了工作应给我们提供些什么：我们现在是为工作而工作。应该具有成就的法则获得了超越我们自身的支配力量，按照这个法则的意趣我们不再能够为我们自己存在，而是按照成就本身的法则为伟大的事业而存在。由于我们投身于这个事业，所以我们感到摆脱了自我而且因此才获得了自由，进入最高层次的自我。因为人愉快地投入到了他的工作之中，所以他才比任何时候都更加可爱。然而美好的不单单是劳动热情，而且还有一个实际献身于工作的劳动面容的内心诚恳和认真——它之所以美好，是因为我们可以用眼睛看到，超越于个别人力量之上的超个人力量是如何在他的行为和表情中体现的。

劳动热情、共同理念、同志关系这三种因素就是共同体的全部思想内涵，而其中同志关系是最为重要的。

---

(接上页)运动主要领导人。与文学、哲学及历史等方面著述颇丰，善于雄辩，富于激情而敢作敢为，是当时很有影响力的社会活动家和社会主义者。曾先后几次当选为议员。因其反对战争，主张和平，与德国睦邻友好而于第一次世界大战爆发时被极端主义分子刺杀。

# 社会主义文化观念[1][2]

资本主义文化／自然主义／过渡文化／社会主义文化的实质／劳动者青年／群众形态／社会主义艺术／劳动热情／作为科学的和作为宗教的社会主义社会主义学派／社会主义和个人主义文化／唯理主义和非唯理主义

如果说思想状态是以经济状态为条件的理论还需要一个表面证据的话，那么资本主义时代的文化就给其提供了这样一种证据。资本主义的文化原原本本地反映了资本主义经济的图画。

如果资本主义使得资本与劳动相互冲撞的话，那么它所造成的有产者和无产者之间的经济对立只是在文化的领域才发展到最为尖锐的地步：即受教育者和未受教育者之间的对立。体力劳动和脑力劳动之间的分工在任何时代都存在，但只是到了资本主义时代，才出现了受教育阶级和未受教育阶级之间的人的价值观差别。在有了这种差别的情况下，就产生了军国主义来帮助资本主义，其目的是

---

[1] 关于这一节可以参见恩格尔哈特（Engelhardt）：《时代转折之际》（*An der Wende der Zeitalters*），1925年；亨德里克·德·曼：《作为文化运动的社会主义》（*Der Sozialismus als Kulturbewegung*），1926年。

[2] 选自考夫曼主编：《拉德布鲁赫全集》，第4卷《文化哲学和文化史文集》（*Kulturphilosophische und kulturhistorische Schriften*），第120—124页。

实现教育和非教育之间细致分明的区别——一年-自愿-证书,即可以作为预备役军官的资格。于是,不顾所有关于民众共同体的美言高论,资本主义和军国主义还是为其想象的优秀文化有意识地放弃了广泛的大众群体文化,并且由此又进一步放弃了整个大众文化。

就像资本和劳动的对立一样,资本主义的劳动分工在文化领域也充分反映了这种对立。随着资本主义的崛起,所有我们以独立名称予以表述的文化领域都开始独立化:为了艺术的艺术、只是为了追求真实的科学、出于义务的义务、作为本身目的的强权政治、为了权利的法权(世界虽灭、正义犹存〔fiat iustitia pereat mundus〕)、"交易就是交易"以及"交易中无理可讲"——这意味着对于经济只适用经济规则。而在每个文化领域内部,直到最具体的部分都进一步存在着特殊性。人类是一个整体,文化也是一个整体以及整个人类只适用一个整体文化已然成为过去。如今仅仅还存在着文化专家(Kulturspezialisten),而不再有文化人类(Kulturmenschen)。

不错,恰恰是这种专门人才将其群体的贡献推向了最高峰。资本主义文化同资本主义经济一样,表明着通向数量积聚的同一条道路。与不顾销售可能性的大量商品堆积相一致,一种不顾教育可能性的大量知识堆积也同样发生。文化杂志、图书馆、画廊、博物馆到处都是。忙碌的搬运工人无休无止地工作着,一袋接一袋地、一箱接一箱地堆放各种文化货物,但是在这些文化存储的大仓库前面,站着的却是两手空空,饥肠辘辘地渴望文化的群众。在以前任何一个时代,客观文化和个人教育之间都没有像在资本主义时代这样如此对立紧张,相对而言,在民众的血液循环中,文化工作血液的流淌也从来没有像今天这样稀少。在文化领域中和经济领域中也一样，都存在着一方面是群众贫穷，另一方面是生产过剩的冷酷无情地对比。资本主义统治之下，在文化领域和经济领域，同样都可能使群众有受饥挨饿之虞。

就像在资本主义经济的跑道上一样，在资本主义文化的角斗场上，文化竞争的皮鞭也对文化生产者们挥舞而来。[①] 文化接受了体育的各种形式，而后者是这个时代富有特征的文化现象，即追求新的纪录。努力不再是为了成就，而是为了领先于竞争对手。人们不再谦和与公正地追求美丽和真实，人们追求新的、令人感兴趣的和从未有过的东西。用布尔克哈特的话说，"如今的精神瘟疫，即原创性爆发了"。这个时代不再有能力创造将某个时代的人类联系在一起并且使之持续长久的平静，而是只有某天的模式，某一个个别艺人的言谈举止。神圣的耐心坚忍，即一切伟大成就之母，如今也即将不复存在，相反却代之以狂热发烧。创造的动力不再是工作和成就的快乐，而是名声。艺术经营被夸张地与手工作业区分开来，随之又是艺术和艺术经营区分开来。艺术家处在一种危险之中，可能成为一个手中拿着镜子的纨绔子弟，而文化生活则越来越成为炫耀各种虚荣的年市（Jahrmarkt）。显然，资本主义文化的图画在此呈现为一种现代的庄园殖民地（Villenkolonie）：一个黑森林农舍与一个小巴洛克花园并立毗连；一个佛罗伦萨式的宫殿同一个中世纪

---

[①] 拉德布鲁赫这里对竞争做了较为消极的判断，实际是受了雅各布·布尔克哈特（Jakob Burckhardt）的影响。其实，即使是在后来的德国经济生活中，竞争的积极意义也是显而易见的。在德国所谓的"社会市场经济"（soziale Marktwirtscahft）中，竞争作为对经济运行的一种控制重新具有了积极和重要的意义。在这样一种经济秩序中，国家一方面要针对由于垄断而发生的消极影响保护竞争自由；另一方面又必须纠正竞争所产生的弊端。

城堡比肩而立，每个建筑对其本身而言可能都是美丽的，但对整体而言，却是刺眼地不和谐。

但是，站在这些创造物对面的不是民众，而是公众，他们不是以习惯而聚合为众，而是以款式而相互区分。款式是资本主义阶级文化富有特征的表现形式：在这种形式中，那些较高社会等级的人们通过服装和装饰的特点寻求着对于下层社会的前卫，其目的在于——如果他们不在短时间内被下层社会追赶上的话——在不歇气的、一直加速的竞争过程中获得新的款式。即使是金银首饰也是按照款式来变换。对于附庸风雅之士们（Snobismus）来说，艺术是美学化的精细美味，而不再是内在的必要和负责的东西。它主宰着所有方面的可接受性，然而这却意味着一种完全没有思想内容的精神享受。人们在上午被尼采所深深打动，下午又被托尔斯泰深深感动，傍晚又同样如此地在剧场中享受着豪普特曼[①]，接着又是霍夫曼斯塔尔（Hofmannstal），在一声叹息中又去赞美格奥尔格（George）和德梅尔[②]，如此这般地又从托马（Thoma）画院到李卜曼[③]画院。必须避免奢谈非己之长的东西，这是歌德那里早已有的敏锐意识，他

---

[①] 即格哈特·豪普特曼（Gerhart Hauptmann, 1862—1946），德国著名诗人、自然主义者。出身微贱，同情下层劳动群众工人。其作品为社会底层利益呼吁，曾著有《日出前》戏剧，参与了关于1844年德国纺织工人起义即《纺织工人》剧本的创作加工。最后渐渐回归现实主义。

[②] 即理查德·德梅尔（Richard Dehmel, 1863—1920），德国作家。德梅尔是一个热情强调社会自然主义的激情主义者。同时也受表现主义的影响，而且还是表现主义拓展者的先驱。他主要以社会抒情诗而闻名当时的文坛。

[③] 即马克斯·李卜曼（Max Liebermann, 1847—1935），近现代德国油画家和铜版画家，一度领导德国印象画派。是柏林分离派（1899年）的创始人和领导者，1898年被选为柏林科学院院士，后担任院长。

在所有人都承认克莱斯特①和保尔②天才素质的情况下，仍然明确予以否定。如今再也没有出现过这样的问题：我可以认为此美丽同时也是彼美丽吗？此外：我是谁，我可以同时享受两者吗？对此，答案当然可能是容易的：一个空的瓦罐可以接受所有的东西，但是却没有个性。将歌德关于个性的话作为大地之子的最大幸运，如同一个口头禅挂在嘴上的资本主义文化，恰恰就是在寻找其目的时不灵了。

资本主义文化并不因此而缺乏自我批评。人们总是将以前的"共同体"相对于新的"社会"而言，将文化和文明相对而言，人们曾抱怨"文化的机械化"（Mechanisierung der Kultur），是的，人们曾宣称了"夕阳国家的衰亡"——而实际上，它只是资本主义文化的拼死抗争。

在渐将逝去的社会主义者法律时代，③有那么一段时间似乎从资本主义文化的分解中已经产生了一个新的文化时代。这就是自然主义时代，这是个豪普特曼将其视为"日出前"，而且让纺织工人走过"自由民众舞台"的时代，是霍尔茨④和卡尔·亨克尔⑤抒情

---

① 即海因里希·冯·克莱斯特（Heinrich von Kleist, 1777—1811），德国戏剧家和小说家，出身行武世家。1792—1799 年在军队中服役，以尉官退役。此后先后在法兰克福、奥德尔和柏林学习法律哲学。1905—1906 年于普鲁士任公职，1907 年因间谍罪而被法国逮捕监禁六个月。1811 年与其女友福格尔（Henriette Vogel）一道自杀。

② 即让·保尔（Jean Paul），本名约翰·保尔·弗里德里希·里希特（Johann Paul Friedrich Richter），德国小说家、现实主义的环境描写家，幽默小说的心理塑造者。在魏玛时期一度与格特弗里德、海德尔过从甚密，与歌德、席勒则较疏远。

③ 这当然是拉德布鲁赫根据当时德国的社会情况所做出的判断表述。

④ 即阿尔诺·霍尔茨（Arno Holz, 1863—1929），德国作家。

⑤ 卡尔·亨克尔（Karl Henckell, 1863—1929），德国作家，早期受自然主义影响，1908 年以后开始从事写作工作。

诗般的火把投给了民众,是德梅尔在所有劳动者的心中重新唱起的劳动者之歌:"只有时间"的时代,是比尔舍①和威勒②将新的自然科学知识和宗教的灵魂力量深化为世界感(Weltgefühl)的时代,是哈特兄弟③、彼得·黑勒(Peter Hille)、古斯塔夫·兰道尔④试图在新的共同体中实现一种共产主义生活方式的时代,在这些人当中,最了不起的或许是凯绥·珂勒惠支⑤,他在一种有里程碑意义的形式语言中掺进了痛苦和愤怨。在劳动阶层当中,至今还有许多出于这种自然主义时代的富有着生命力的东西,在市民阶层中,前面所说的那种神经质的变幻的形式游戏很快获得场所,而在这种形式游戏中,没落的市民阶层并未恰当地表达出它的实质内容。因为自然主义还不是社会主义的开端。它的社会学的基础不是上升的劳动阶级,而是类似的学院社会主义⑥和弗里德里希·瑙

---

① 即威廉·比尔舍(Wilhelm Bölsche, 1861—1939),德国作家,自然主义者,自由民众舞台的创建人之一。

② 即布鲁诺·威勒(Bruno Wille, 1860—1928),德国作家,抒情诗人,小说家,自由民众舞台的奠基人之一。

③ 即亨利希·哈特(Heinrich Hart, 1855—1906),德国作家,自然主义的领军人物,他与其兄弟朱利斯·哈特共同写的《批判的武器之战》(*Kristische Waffengaenge*)曾在当时产生很大影响。

④ 古斯塔夫·兰道尔(Gustav Landauer, 1870—1919),德国作家,社会哲学家。出身犹太富商家庭,激进社会主义和非暴力无政府主义的代表人物。创办宣传社会主义思想的杂志,并且作为他所创立的社会主义机关报《社会主义者》的主编。1919年作为慕尼黑顾问政府的部长。1919年被当局谋杀于慕尼黑的监狱中。

⑤ 凯绥·珂勒惠支(Kaethe Kollwitz, 1867—1945),德国女版画家和女雕塑家。1933年被任命为普鲁士科学院院士、教授,但1933年被国家社会主义者取消其公职。珂勒惠支的作品具有深刻的人道主义同情色彩和为了无产者利益呼吁的社会实践特点,但却是以现实主义的手法予以表达。

⑥ "学院社会主义"(Kathedesozilismus)又可称"讲坛社会主义",十九世纪德国流行的一种社会主义理论,纯学院式的或讲坛式的。

曼①的国家社会主义运动。市民阶层的社会思想者们发现了劳动阶层，但是劳动阶层尚未发现自己本身。善意的市民向另外一些同样的市民说明社会生活的深层状况：看吧，我们在那里看到的就是这些！不过，诗人还没有像演说家那样作为群众当中的一员从群众中站出来：那就是我们，我们要求这些！这种情况首先发生在表现主义(Expressionismus)那里，只是在表现主义中，群众本身才获得了自己的语言。因此，表现主义是主观的和修辞上的，如同自然主义是客观的和形式上的一样。人们将豪普特曼和托勒②、蔡勒③和格洛茨、珂勒惠支和马瑟莱尔④相比较。

然而，社会主义劳动阶层的文化在此期间乃一种支流文化。对于一种支流文化来说，首先想要单纯地获得其独特的理论是有些苛求的。在一种真正的纯粹幻象主义当中，社会主义劳动阶层将自身与"市民文化"完全隔离开来，并将除他们之外几乎根本没有受到重视的"社会主义科学"当作一种神圣的东西予以顶礼膜拜。此后

---

① 弗里德里希·瑙曼(Friedrich Naumann, 1860—1919)，德国政治家。早期参加基督教社会运动，后来转向旨在改革的、自由主义的清教社会运动，并且越来越趋向于反对政治上保守的斯托克(stoeckerschen Bewegung)运动。1896年在与和马克斯·韦伯和鲁道夫·索姆相遇之后，通过建立国家社会主义联合会而与基督教社会运动彻底决裂。1918年与他人共同创建了德国民主党(DDP)，该党于1919年被正式选入魏玛国民大会。德国现有以瑙曼之名命名的基金会。

② 即恩斯特·托勒(Ernst Toller, 1893—1939)，德国表现主义作家，散文作家，戏剧家，具有社会主义思想倾向的社会工作者。其思想一度受马克斯·韦伯和兰道尔影响。

③ 即鲁道夫·海因里希·蔡勒(Rudolf Heinrich Zille, 1858—1929)，德国版画家、画家和摄影家。

④ 即弗兰斯·马瑟莱尔(Frans Masereel, 1889—1972)，德国版画家和画家。

战争来临，它的这种支流地位发生变化，直至跃升为执政党。整个社会被社会主义思想所充盈，以至于如今几乎每个政党都假装着有些社会主义，从学院社会主义者们到"国家社会主义者们"均不例外。与此同时，劳动阶层也向市民文化敞开心扉。受教育者与非受教育者之间的对立通过新开辟的晋升可能渠道，通过不同阶级结合的文化事实，如体育和影院等，渐渐模糊，尽管此外也还由于纯粹的外在状况，如通过"一年-自愿-证书"的废除。曾是受教育者和非受教育者之间对立的起点普通教育问题，不仅早已黯然失色，而且甚至完全不复存在。与此同时，在德国还第一次民主地形成了一个统一的知识分子阶层，在这个阶层中，作家、政治家、艺术家和学者得以相会沟通，而在此之前，他们一直是谁也不管谁，各行各的路。这样一个知识阶层能够形成，不能不归功于一个人的鼎力推进，他就是艾伯特（Friedrich Eberts）。用托马斯·曼的话说，只是到了共和国，德意志民族的精神境界才得以清楚地昭示于世人，这种精神境界在此之前一直被军队和贵族遮掩着。

但是，社会主义文化的萌芽不是在这种资本主义文化和无产阶级文化的彼此相互结合之中去发现。它必须更直接地在社会学意义上的事实中予以指明。这个新的时代在我们看来乃处于一系列瞬间画面之中。工厂、简陋的大房子、工会会场、工会大会、解雇通知、体育、广播、影院、拳击场、六日马赛，等等。然而在这些某种程度上很随意选出的瞬间画面中，却有一个共同的特征：它们说明每一个个人总是处在群体之中，不仅如此，这很可能还是无产阶级生活基本特征的写照。没有什么比这样一种令人震惊的事实更能塑造一个无产者的精神构成了，即他从来不是单独存在，工作中、家庭中、娱乐中都不是。所以无产阶级文化自然也完全不能产生于作为个别人的无产者，如果某个个人要想变得高贵，那么他也必然是通过他归属的、与之有不解之缘的无产阶级群众的高贵而高贵。无产阶级文化，成长中的社会主义文化只能是一种群众的文化，而我们把高贵化的群众称作共同体。

共同体文化的思想起源于青年运动——它与我们这个时代的最有活力的精神运动社会主义并存。青年们挺身而出，并不意味着以往几代青年人的忿怨、自由的呐喊，相反，它意味着离开个人主义的放纵无度，走向共同体，亦即寻求新的各种义务，伦理的、风格的、文化的、同志关系的、领导的以及服从的义务。但是，如果共同体不是一个共同事业、共同奋斗、共同劳动的共同体，那么它只能是一个共同体梦幻。所以，由于缺乏一种实质性的内容，这种市民青年运动必然陷于对其本身实质探讨的毫无结果的论战之中。不过，在青年运动和劳动者运动的交叉结合处，却产生了一种新的生命的源泉。只有劳动者青年才给予青年文化以新的生命形式以及新的明确的内容。所以，青年运动思想只有在劳动者青年当中才能获得实现绝非偶然。

但是，成长中的社会主义文化论的载体并非只是劳动者青年、青年社会主义者和喜欢孩子的朋友。即使是在文化方面无多所求的组织，如歌唱家、体操-体育运动组织，在关爱自然的朋友们、在帝国旗帜下，社会主义也在成长。假使他们的确都是群众教育这个伟大使命的一部分。群众的概念或许可以理解成为任何一种在一个广场上、一条街道上、一个大厅里聚集的人们。这种意义上的群众对于以往的个人主义来说是一种恐怖。如果群众唱歌，个人主义者就倔强地闭上嘴。如果群众到处游行,个人主义者就逃之夭夭。在群众激情之下,群众就是个人主义的末日。当个性为了群众放弃其本身生命时,群众就是原罪。群众是糟糕的,群众的最后结局只能是在高喊的个别个性之中重新被瓦解。社会主义者的回答是:在某种程度上说,群众不是好的东西,群众会深深地剥夺个别人的自身价值;可能没有什么犯罪如此令人憎恶,它使一些毫无害人之心的人即使不在群众心理的影响下也有可能去犯罪。不过,群众也能使个别人超越他们自身而走向狂热,走向英雄主义,而他作为个别人可能一事无成。群众不是好的,即使人本身就不好。但是群众和人一样,也是所有好的东西的原材料。所以解散不是办法,而是要建立一种群众文化。人们说,我们欢庆得太多了。可是一个年轻的民主需要的欢庆不外乎就是欢乐的青年人:这是他们的形成模式。谁不记得戈特利德·凯勒(Gottlied Keller)作品中瑞士民主那多姿多彩的节日欢乐描写呢?即使我们自己,也在不长的时间里为德意志民主学会了组织群众集会、群众欢庆等活动,这些活动对旁观者来说印象深刻难以忘怀,而对参加者来说则是为之忘情。在这样一种欢庆中,民众赢得了一种作为宪法和国家权力的出发点的身份,面对他们的怀疑者,好像他们本来就有意识地构成了组织和思想上的形态。

不过,欢庆的群众还可能成为艺术创造的巨大推动力。群众有将自我以戏剧和音乐的形式加以表现的渴望。假使他们在歌唱队旁边带来了诗歌朗诵队——当然:迄今为止哪里有过群众演唱队的伟大诗人们和伟大的作曲家们?依旧是席勒-贝多芬的欢乐颂表现了所有群众演唱队最强有力的欢乐。但是群众还要求一个他们可以聚之相拥共同欢乐的大厅，还要求以建筑艺术实现的表达。建筑是群众的艺术，因而从庆典大厅到高耸入云的塔楼，从工厂建筑到风格一新的银行大楼，在一个除了艺术其他则毫无成就的时代里，恰恰是建筑表明了时代卓越贡献的情况决不是偶然的。

我们可以将艺术形式划分为两类。为什么如果我们发现画廊清静空寂时会感到高兴？为什么我们会因为一个空空荡荡的剧院或寂静无声的音乐大厅而感到生气？这是因为实际上存在着个人享受和集体享受的艺术。一本书和它的读者，一幅画和它的观看者，都是个人主义文化的主要形式。戏剧、交响音乐会、建筑都是社会主义文化的主要形式。它们是从共同体到共同体，多人的作品而为着众多的人，绘画一再地表现于建筑之上，在此它可以于将来成为独立的存在。而建筑则一再成为城市图画的组成部分，每一个建筑师就其劳动成果而言都是城市的建设者。假使我们要将个人主义文化和社会主义文化之间的对立用关键词来表述的话，那么我们就想说：取代文学主义年代款款走来的是一个建筑艺术时代。

我们在谈论劳动的同时又讨论了文化。现在我们有些胆怯地来看看最难的问题，即劳动中的文化问题，亦即劳动文化、劳动热情的问题。旧的手工业工人的理想，整个劳动成果由全部人完成的理想，现在由于劳动分工和机器、由于劳动分工和技术而永远不复地失去了。我们能想象，为了被分解了的并因此而失去灵魂的劳动而去赢得一种新的欢愉吗？或者劳动像睡觉一样必须被剥离生命，作为生命之间的一段死亡来看待，文化快乐和文化难道就因此一定从缩短工作中去寻求吗？假使如此，那么一个仍然生存的无产者的生命所能保留的还有什么？会少得令人恐怖。许多人希望，社会关系的转变会重新给人们带来劳动的欢乐。劳动不再是为了他人获利的劳动，而是为了共同体的劳动，它或许真的又带来了新的热情。某种程度上，劳动热情的障碍在共同体经济中消除，但是要重新产生劳动热情，即使是共同体也还不足够。劳动热情的问题在社会主义社会中几乎和资本主义社会中一样困难。这个问题不是由于经济状态而是由于技术状态而引起的，不是由于资本而是由于机器而引起的。我们不要以为在此要去判断令人头痛的问题是劳动热情或劳动减少，好像这个问题根本不能够明确清晰地判断似的。相反，只能在对每个个别劳动方式分别进行概括研究和深刻经历的基础上才可以判断。一定要提出问题并确立目标，就像费希特的一句名言所说的："人要工作，但不是像一个驮载东西的牲畜，肩负着重负进入梦乡，在筋疲力尽时稍得喘息后又被赶起来重新驮负上同样的重负。可是它没有丝毫的愤怨，高兴愉快地劳动着，用剩下属于自己的时间，仰首举目向着天上，那遥远的天堂中有它自己的虚幻存在。"[①]

我们谈了社会主义和艺术，又从社会主义到劳动。但是直到现在还没有谈到社会主义和科学，而且同样是因为人们已经习惯于把党派时代的社会主义文化作为纯知识-科学的文化来理解。"知识就是力量"，[②] 曾是一句人们喜欢挂在嘴上的话，这种社会主义文化世界观的科学解释就是社会主义劳动阶层的骄傲。但是，社会

---

① 此语出自费希特《锁闭的商业国》（*Der geschlossne Handelsstaat*, 1880, I.B.），第七章。

② 语出培根。

主义的"科学世界观"真的是由理解来承载得吗？怀疑将科学的人们引向科学，但将社会主义劳动者和社会主义科学连接到一起的却不是怀疑，而是信仰。马克思和恩格斯对于劳动阶层来说不是研究者或学者，而是先知，人们对作为研究者的他们进行了针对性的批判，而对作为先知的他们，人们却给以狂热的信仰。要用一个词来对这个社会主义科学世界观的矛盾事实予以尖锐的说明，那么它事实上是：科学信仰。人们可以经常地在假想的群众科学社会主义中发现宗教的特质，而这容易导致人们将社会主义演变为一种宗教替代，或者干脆上升为一种宗教。早期马克思主义者转世的末日审判的希望常常被拿来和初期基督教的转世希望相比较，社会主义终将到来的信仰常被与上帝帝国不可避免地到来的信仰相比较。其观点是：阶级斗争不知不觉地，不以人们意志为转移地成了旨在为着一个无阶级社会而采用的社会主义治疗方案的工具，而资本就如同扩散的魔鬼为了自身利益以其所有能够采用的方式生存发展，但却必然是不自觉地服务于社会主义。即使为了其阶级而斗争的劳动者，也不自觉地为着无阶级社会战斗，如果与上帝的子民必须做好一切事情这种信仰比较，那实际上就意味着必须为社会主义者"做好一切事情"。这种终极的理想主义，这种无视一切的理想主义其实就是信仰，一种没有使徒和教堂、没有上帝和天国、没有《圣经》和忏悔的信仰，但它恰恰因此一点儿也不逊色于宗教。当然，这种信仰并不寻求天堂，相反，它想寻求的是这个地球上的热情渴望的爱。但所爱的这方土地是以这样一种强烈的爱，有了这种爱，就不能再爱祖国，而祖国是他从来没有离开过，或者即使离开过，但却是他在异国他乡历经多年寻求幸福却又一无所获而回到的地方，这种爱是回到这方土地的,有如向往天堂的虔诚。可是只有绕路通过天上,我们才能学会以这种爱来爱这个地球。在青年人当中,在许多爱好自然的朋友和自由思想者们的个别人当中,在基督教社会主义者当中,这种社会主义的宗教潜流对他们自己来说实际是有意识的。但他是否曾经在其理论中,在一个共同体中,在一种崇拜中获得过一种形象,这必须留待未来或由他自己设计。

这样,社会主义转了一圈又回到世界观上。但是,如果世界观不只是个人的和过时的话,它就需要传统,需要思想流派。我们所说的社会主义思想流派,同时是共同体流派、劳动流派、现世的流派。说它是劳动流派,因为它是共同体流派,而每个共同体都有一个共同的事业,是具有一个核心的共同劳动。说它是现世流派,因为它是劳动流派,而每一个创造性生活的劳动流派必然都是一个有共同思想的流派。根据许多出于社会民主反对时代的观点阐释,人们当然希望追求一个没有任何思想的流派———一个思想中立的学派,它与至今的学派区别,不是因它所具有的,而是因后者所不具有的:宗教的教程。假若果真如此,那么我们今天就根本不需要什么世俗的流派。这样一来,父辈们只需要利用他们的制宪性法律,就可以使其晚辈们从宗教教程中解脱出来,于是他们也就达到了世俗的流派不一定能够予以保障实现的所有目标。世俗的流派不能仅仅由于它没有任何宗教教程而予以说明,而只能由于它有一个完全明确的思想。它虽然无须忏悔,不需要受某种教义的形式和某种组织权威的拘束,但却不是没有世界观。相反,它由一种世界观赋予灵魂,这种世界观自知永远不会停止发展,而且承担着通过一种教义不断地服务于某种发展的义务,对于那种有些类似出于基督和古代尚有自身特征的混合人文主义思想，不可能包含在某种忏悔的生硬词句当中，而是要体现在一种具有生命力的理论思想当中。我们将这种思想作为共同体思想，亦即同志关系、共同理念、劳动热情的共同体思想，作为与尘世的和与我们生活接近的现实世界本身可以达到的思想予以说明。

但是，现世的思想流派绝不是一个特别流派，而是一个为了全体民众的流派。一个为了全体民众的流派只有在我们所讲的那种思想成为全体民众的思想时，才可能存在。只要它还未成为一个全体民众的流派，那么它就只能是其他特别流派当中的一个流派。于是乎我们在现代就面临着一个选择判断，一个回溯到在我们两种要求中间进行选择的判断：或者是现世的流派，或者是一个全体民众的流派。在此，毫无疑问地是要给一个为了全体民众的流派以优先。但是，这个流派在一个世界观形成的民众当中不能是一个世界观流派，而是一个世界观中立的流派。于是，对于现代就产生了一个结论，即在伪装的学派思想后面，可以看到现世的流派的更长远目的。现世流派是一种社会主义世界观的流派，即这个伪装的流派是容忍民主的流派，它是未来的学派政治的要求，是民主的现代国家中学派问题的临时性解决方案。

在此所说的所有关于成长中的社会主义文化的看法，不应该在"无产者迷信"（Proletkults）意义上加以曲解。这种迷信体现着资产阶级-个人主义文化，迟早会被替代。文化发展是在新的文化价值日益扩展的影响范围内对旧的文化价值予以包容并且归纳梳理的过程中实现的。与共同体文化并列，流传下来的个人主义文化继续生存并且继续发展着。尤其不应该忘记的是，理解文化

(Verständeskultur)必定总是体现着个人主义的文化。像吃喝一样,个别人的学习只能是为了自己。但是,社会主义至少是想要放弃理解文化,它从拉萨尔(Lassalle)开始就宣告了劳动阶层与知识阶层之间的联盟,而且以其理论阐释具有科学性而令其感到骄傲。青年运动是针对特定概念的生活哗变,是感情奔放且要有所作为的生活对学院派推动的理解理论以及每一种可以标示为"推动"(Betries)的反抗。不过,在这种运动中存在这样一种危险,即通过感觉和感情用事的行动而忽略完整人性的第三种作用,这就是认识。但是,认识并不存在于人们想象的生命与认识的对立中,认识本身就是生命的一部分。

无知者封闭在沉闷发霉的孤独之中。不过,无知者那种喜欢夸夸其谈的,但却容易晓之以理的特性又与知识联系在一起。我们把它归于一种浪漫的乡土艺术,并且对其欠缺清楚表达词义和踌躇反复、优柔寡断加以赞扬,为了深刻和严肃而极尽含糊晦涩、沉闷乏味。我们赞美知识,它能言而达意,敏捷于行。伟大的哲人们都具有这种特质,它始终趋向于歌德的旧式智慧:至于以思想神圣性的等级来将各种思想归类的莱布尼茨,在此之后,无论它们是混浊还是不清都要从大的玻璃杯中倒出,或者它们本身是一个平滑晶莹的水晶球体,光亮透射,并在阳光照射之下色彩纷呈,耀眼夺目。因为生命从根本上讲只有随着意识才能开始,但是属于我们本身意识的知识并不是围绕着世界而不可分离。因为世界确实不是在我们之外存在,它就在我们之中,它是我们的想象。所以,无知同时就是一种无意识。谁要是无知地拥抱世界,那么他自身的大部分就会浑浑噩噩、无意识地围绕自己兜圈子。而无意识的其余无生命残体，则像完全妨碍我们身体转动的脂肪一样阻碍着我们的生命。就像我们通过运动将这些脂肪转化并获得真正强健有力的苗条身材一样，通过明快的思维运动也可以将所有无知转换成对于肤浅空虚的觉悟，转换成真正高兴和敏捷的神清气爽。就像一句非常漂亮的德国话所说的："快活的"（aufgeräumt）。而我们称一个人是快活的，因为我们知道是什么使他明朗爽快：在他灵魂中具有了秩序、知识和思想。德国的工人运动始终是有意识的，如同不可或缺的知识和思想就是出于他们的事业。但是知识不仅是力量，而且还是快乐，只有在知识作为一个世界，即承载其自身确认的世界而被体验时，知识才能成为一种价值。这种忘记目的的快乐在知识和思想那里，同时也在一种社会主义共同体文化中寻求着它的位置。

# 民主的危机

民主意识形态和民主社会学 / 民主和社会主义 / 中产阶级国家的意识 / 民主国家中的党派 / 民主和议会主义 / 民主和领袖层 / 政治家 / 公务员阶层

自从社会主义从反对旧的国家中摆脱出来，从而呼吁转向与新的国家合作时起，社会主义国家意识形态已经经历了巨大转折，对于从否定国家到肯定国家这一过渡，在此需略加说明。① 马克思主义关于国家的消极意识形态，那种以为由于无阶级社会的建立，国家就将寿终正寝、自行灭亡，并且和脚踏纺车与铜斧都同样归存于古代社会博物馆的理论，归根到底还是建立在把国家与阶级国家两个术语等同使用的基础上。但是，这种理论由于其半无政府主义可能会对一种新的国家思想的发展产生危害和阻碍。所以，它不仅具有词义学上的意义，而且导致这样一种思想产生，即一种社会主义的共同体确实可能不再是阶级国家，而是全民国家，但也依旧还是国家，马克思主义的国家否定说是针对拉萨尔的国家观，即作为"所

---

① 参见斯格夫里德·马克（Siegfried Marck）：《马克思主义的国家肯定学说》（*Marxistische Staatsbejahung*）；威廉·斯图姆菲尔斯（Wilh. Sturmfels）：《劳动者阶层和国家》（*Arbeiterschaft und Staat*, 1924）。——作者原注

有文明的远古维斯塔之火"(uralten Vestafeuer aller Zivilisation)①说法②的更新。这个让我们今天感到头痛的问题已经不再是说：社会主义和国家，而是社会主义和国家形式、社会主义和民主。

涉及民主问题，意味着要谈论如今人们大谈特谈的"民主的危机"。和民主的敌对者们幸灾乐祸地谈论着自己的观点一样，民主的追随者们也怀着沉重的焦虑谈论着自己的观点。如果人们要想用一个公式来说明这种危机，那么人们就很可能回到实际已经历过的民主社会学与民主意识形态之间、民主思想缔造者所描绘的民主想象图画与民主在其中予以表现的社会现实之间的矛盾上来。

让我们略用笔墨先勾勒一下民主的意识形态。这种思想基于主权在民的思想，即统治者和被统治者的认同。在此，民众被视为自由平等的个别人的总和，在多数和少数中所表达的民众意志，是平等的个别选票事后偶然实现的总和。每张选票似乎都是一个自由的、最为独立的决定的结果——选民与所有上帝旨意的依赖性的脱离在选举棚内形象地得以体现。即使是每个议员也都只服从于他的良心，他的投票完全出自不受其职位委托（《帝国宪法》第21

---

① 参见 M. J. 波恩(M.J. Bonn)：《欧洲民主的危机》(*Die Krisis der europaeischen Demokratie*, 1925)；阿尔弗雷德·韦伯(Alfred Weber)：《现代国家思想的危机》(*Die Krisis des modernen Staatsgedankens*, 1925)；卡尔·施密特(Karl Schmitt)：《现今议会政体的思想史状况》(*Die eistesgeschichtliche Lage des heutigen Parlamentarismus*, 2. Aufl. 1926)。此外还有 1926 年第五次社会学者大会有关民主方面的论述，如凯尔森(Kelsen)类似的关于民主的意识形态和社会学之间的冲突问题，等等。——作者原注

② 维斯塔是罗马人的安乐女神，罗马帕拉丁山下有一祭祀安乐女神维斯塔的神庙，燃有安乐之火。它作为古罗马国家的一个组成部分，具有象征意义而且给予保障。安乐之火由维斯塔女神自己点燃，每年的法定节日从 6 月 9 日开始。罗马的维斯塔女神和希腊的海丝蒂娅(Hestia)女神具有相同意义。

条)制约而做出的自由的、自身的决定。选举的决定如同在议会中的决议,是讨论的结果,是以演讲和辩驳予以说服的结果,所以人们又将民主称作"通过讨论统治"(Regierung durch Diskussion)。[3] 代议机关和政府实际上是分配整体民众选票和意见的写照,而这种写照的尺寸一步步地缩小,代议机关是民众意志的表达者,而政府则是民众意志的执行者。公务员阶层归根到底是一种机器,它没有自身意志,毫无摩擦、毫无抗拒地将政府所体现的民众多数的意志移植于现实之中。

好,现在看看社会学的现实!因为民众不是由真正自由的、平等的个别人建成的砖房,而是由非常不同的社会群体、阶级和政党构成的多边形石头房;因为民众主权不是所有人对所有人的主权,而是较强的社会群体对较弱社会群体的主权。所以,多数和少数不是自由平等的个别选票事后的计票结果,而是较强社会群体事先决定的一种表达。选民不是自由的,不是个别人的个性,而是群体人,他们不是平等的,而且是极为确定的社会不平等,他们由各种各样的等级构成,利用恐怖和诱惑、媒体和街谈巷议、权势和资本施加影响或因之受到影响,而最后这种权势的影响,超越其他所有影响因素。所以,多数只是潜在的少数。议员决不是"只服从于他们良知,不受其职责制约的",而只是一个政党团体、一个政党、一个阶级的不独立的代表。民众代议机关并非体现为整体民众的缩影,

---

[3] 这个表述出自捷克社会学家、哲学家和政治家托马斯·加里格·马萨里克(Thomas Garrigue Masaryk,1850—1937)。1918—1935年任捷克国家主席,他有一句话是:"民主就是讨论。"

"代议"只在法律意义上可以考虑,而在心理学意义上则是不能想象的,一个人为他人所能够要求的,如吃与喝,不可能比自己想要的更多。相反,作为民众整体中的一个很有自身规律的构造,个人意志越强烈,选举倒退得就越远。议会和选举大会不是交易和信仰的制造车间、预先设计的信念角逐场。政府不是民众意志的执行者,而是民众意志的创制者和勾画者,而且这还以一个好政府为条件。但是,这种政府自行创制的意志其实恰恰就是其所需要的。最后,官僚阶层不是任何一个政党可以任意驱使的负重牲畜,而是一种难以驾驭的任性的组织机构。

让我们概括一下:民主意识形态尝试过了从彼此分离的个体开始建造民主。民主的社会形态则对这种分离的个体完全无所知,它只知道集体、团体和群体。民主的危机产生于,人们以个人的意识形态来估量民主的社会现实。针对危机制造者的斗争只能是双重地存在:一方面是直截了当地承认,民主对于个人主义的意识形态并不相应,但另一方面则又着力强调,在民主中发展民主的意识形态还根本一无所知的价值,也就是在这里,这种"**目的的异质性**"(Heterogonie der Zwecke)[①]的交替发展产生了作用,从而更快地创造一个新的、较有生命力的、现实民主的意识形态。

在这种新的意识形态范围内,过去的个人主义的意识形态绝对没有任何意义。它只知道个体,有意地忽略了个体之间的所有社会

---

[①] "目的的异质性"这个表述可以溯源于哲学家冯特的《哲学体系》(1889年)一书。根据冯特的看法,最初探讨和追寻的目的和最后的发生效果的最终目的必然不相一致,故因此可作为此"另类的"目的加以描述。

联系，这也就意味着，它所谓的民主国家与这种流传下来的联系没有任何认同，相反，却要使社会的团体构建、解散以及重新构建成为可能。它根据自己的法则产生影响，这意味着社会学意义上的自身规律性的自由设定。民主是一种国家形态，它不反对任何社会的力量角逐(Machtverschiebung)，它对每一种力量角逐都以前所未有的辨别敏感立即予以政治上的表达，并且给其社会工作中的每一项工作绝非毫无意义的认可，只要它在这个无神的世界上还可能，这种认可就是民众多数意志的认可。①

这样一来，在现代社会中，资本的巨大力量地位就以民主这种形式毫无阻碍地表现出来。而旧的国家，即在某种程度上与流传下来的封建的、军国主义的、官僚主义的社会联系相一致，而这些联系反过来又对其自然的生命期限予以电镀的国家，恰恰是使资本的新的力量不能毫无阻碍地扩张。只有在民主之中，高度的资本主义才能没有阻碍地得以表现。但是这种民主就像一个总是听命于最强者的女人。她现在心甘情愿地向资本主义提供法律改革和法律认可，就如同她当初毫无抵抗地服膺于一种社会主义社会秩序的表达一模一样。民主对于社会主义的关系实质上是消极的——她对于在社会主义方向上的权力角逐绝对没有任何抵制，而就是这样也已经意味无穷了，因为在国家生活的其他任何一种形态中，针对这样一种权力角逐已经嵌入了强有力的对抗力量。只要民主对于社

---

① 但是，如果看看德国自1933年纳粹上台以后一直到第二次世界大战结束在德国所发生的一切，就会认识到"人民多数"是对"民主"这个国家形态的一个很危险的理解。所以拉德布鲁赫在此是对资本主义社会的民主提出了深刻的批评。

主义还不只单单是阻碍,而是促进的对立面,那么与此相反的立场显然就很难去确定。人们想说,民主在某些时间和某些国家中甚至还成了社会主义发展的阻碍。因为它实际上适用于在国家公民平等的法权面纱之后将经济上的不平等隐藏起来,因为公民平等在较普遍范围内是一种心理平等,可以用来掩饰经济平等的欠缺,就像在美国和瑞士的情况所表明的一样。不过它实际只能够起到暂时的作用,因为另一方面,在整个社会平等被破坏的意识形态中,公民平等起到了一种潜移默化的、渐渐瓦解的、折磨良心的、对此外同时存在的经济不平等的批评。①

民主还能够有一种促进社会主义的直接意义,这种观点大致能够以一种原因和结果之间的单纯混淆为基础。选票多数(Stimmzettelsmehrheit)和委任多数就其整体和大部来看,② 不是工具,而是政治力量的结果。利用新闻和媒体、利用资本或群众的人,毫无疑问也可以获得选票和委任多数,而以前利用选票和委任多数

---

① 奥拉德(Aulard):《法国革命政治史》(*Politische Geschichte der franzoesischen Revolution*),第1卷,1924年,第36页以下。作者在这里说明,1789年《人权与公民权利宣言》已经给整个社会主义埋下了伏笔:"无论如何,在《权利宣言》中包含了其最后结果还没有得出民主和社会共和国。它的未来纲领远远超越了现代特性的界限,而且似乎还超越了将来的时代特性。"——作者原注

② 盖耶尔(Geyer):《领袖和群众》(*Fuehrer und Masse*),第91页以下。他在针对我的观点提出相反的看法时,误以为我的这篇文章的思考方式只是着眼于粗略笼统地否定议会在没有议会外权力角逐支持的情况下,仍然具有引导时代、政治和经济意义的变革能力。没有强调议会工作的影响,也就是说绝不能用"被动倾向"(Tendenz zur Passivität)这个词来加以说明。我认为,我的观点和海尔夫爱尔丁斯(Hilferdings)在基尔党代会上所说的完全一致——只不过我是从经济和国家的相互作用这一方面加以强调:经济对国家的影响,而海尔夫爱尔丁斯则主要是从另一个方面来加以强调:国家对经济的影响。——作者原注

者，即使在这后面并不存在一个相应的社会学意义上的力量对比，尽管他掌握有多数选票和委任多数，但在政治上反而也许不能使其思想广为人知。地方选举和议会并不是权力角逐的舞台，而只是议会外权力角逐在政治上得以被评价的车间，是一个政治交易所，它就像经济交易所一样，不产生价值，而只是确定价值，是一个政治清算程序（Clearingverfahren）：一个政党在议会外的力量有多大，那么它在议会里的影响就有多大。因此，除了为了争取选民选票和议会席位而展开的政治斗争外，还必须不断展开为了争取社会和经济力量的斗争，这就是阶级斗争。有强有力的工会组织，则有强有力的社会民主！有强有力的企业工会，则有强有力的社会民主！有强有力的政党宣传机器，则有社会民主！此外还有：有强有力的国旗，就有强有力的共和国政党！但是，作为最后的力量手段，一个群众政党没有必要遮遮掩掩，即使是利用它的群众。对于执政党来说，这种主要的斗争手段就是新闻腐败（Pressekorruption）：为了它的利益而收购和控制越来越多的报纸。但是，如果新闻腐败成功了，那么在社会公论面前的社会力量状况印象就会越来越失真和虚假，于是这一刻就要来临，群众政党就必须通过群众行动，通过媒体、罢工而使实际力量状况印象重新得以呈现。在某种程度上，一个无产阶级群众政党所能够采用的，一种危险的、一种只在极少数情况下才使用的，但却是针对敌手颇为残酷的力量手段，同时也是最后的、唯一的手段就是：新闻腐败。

民主有能力而且也愿意帮助每一种力量角逐，同样还有每一个议会外的力量角逐在社会主义的方向上做出政治表达，而且，如果今天从表面现象看是所谓的社会主义的东西，而从内在实质来看是资本主义，那么以后民主的形式就可以将社会主义共同体思想作为其内容予以接受。这样，新的民主意识形态就必须以它这种可能的内容为取向。假使旧的民主是以自由和平等为方向，那么新的民主就要以共同体和领袖体制为方向。加入旧的意识形态意味着"那些具有人的面孔的一切人的平等"，那么新的差不多就意味着它的反面，即"领袖的选择"（Führerauslese）。

人们可能要问：如果民主在个人主义平等的现象下实际上无非还是建立在社会群体的基础上，那么为什么不去按照它的形式在社会群体的基础上建立一种民主，也就是说一个"职业等级的"宪政制度？《魏玛宪法》制定时，曾急切地思考权衡过一种名义为咨询制的职业等级宪法制度构想。这种想法如今主导着法西斯的思想世界，它构成了所有民主敌人的口号，也是以新的形式取代民主的唯一建议。但是这种想法很容易加以批驳。事实上，职业等级宪法必然因这样一种不可能性而失败，也就是说，社会不同职业和阶级的重要性或其社会地位是以议席符号（Mandatsziffer）数字化地表现的。因为要区别于民主，故这些议席符号恰恰不能以一个职业或一个等级成员的数字为基础。于是，职业的数字化评价，就像帝国经济顾问组织说明的那样，只不过是纯粹的臆断而已。相对于雇主而言，劳动者阶级的数字化评价只不过是平等的权宜之计——而恰恰是这种劳动和资本之间迫不得已的平等，就像其在民主制度下能够发生的作用一样，把劳动者选票在数量上的多数予以断送。这种平等使某种程度上反动派所期望的职业等级国家得以如愿以偿地出现。但是，如果一个以议席数恰当评价职业和阶级是可能的，那么职业等级制度可能也就不再有追求的价值了。这种制度将会导致整个政治的经济消耗和工会化（Verwirtschaftung und Vergewerkschaftung）。文化问题几乎也只能作为一个脑力劳动者的等级问题而被提出来，而教育问题也差不多沦为一个教育阶层的职业问题。每个职业和阶级利益都会获得毫无遮掩地表明自己利益立场的授权。一个政治政党必须提出其最起码的、服务于其政党利益的意识形态，并且努力说明它是有利于全民福祉的。我们已经看到，一个政党自身的思想观点是如何通过这种意识形态取得主导地位的，而且还想通过这种方式只为自己的利益服务。与此不同，职业和阶级代表人可以毫无遮掩地宣称，他们不是为了普遍的利益，而是只为了他们自己的职业阶层和他们自己的阶级利益服务。普遍的福祉只有在它偶然地处于职业阶层和阶级为之斗争的利益的平均线上时，才可能得到实现，但是没有任何东西可以保证它总处在这种平均线上，因而人们必须向老的自由主义迷信致敬，它通过所有利益集团的竞争自动地产生了普遍的福祉。这样，在职业等级国家中的以社会学强制性所构成的政党意识形态表现的政治主导思想就通过赤裸裸的阶级利益的确认而被排斥了，而普遍社会福祉只不过是由这种阶级利益中顺便地、偶尔地作为其阶级利益的副产品而产生。不过最终每个职业阶层组织都意味着阶级和职业权利-价值关系在法律上的立场，就像他们可以经受其产生时期，此后又对往日反其道而行之地念念不忘，对每一个进步设置障碍。

现在应该让我们来以具体的例子大概了解一下民主社会学和意识形态的对立面。首先是民主与政党的关系。卢梭在其政党构成理论中描绘了一个民主的民众意志的幻象。以政党意见表决为基础的多数意志意味着，这个多数意志是由多数政党特别多数总汇而成，它本身是一个政党内部意见表决斗争的结果，这也就是说，一个政党内部达成的一致多数将直接对国家意志构成产生影响。我们在此之前已经认识到，不要去对政党内的民主思想潮流，而要对民主政治的最重要机制给予关注，要对如何领导、挑选以及召集政治上没有行为能力、表现为个别人的选民给予关注，要对一种新的民主表达给予关注。政党所表达的观点不是直接出自于个别人，而是出于已知的民众社会群体。根本不是政党的实质抵触民主的实质，在我们这里实际是主导的政党制度抵触着民主的实质。

人们想要在我们的政党多元化中发现民主制度困难的原因，同时想把两党制作为一剂良药予以赞扬。但是，这样一种两党制如果可能的话，那也只能是在政府内交替执政的政党之间，他们因为有共同的政治思想，尤其是外部政治思想而彼此命运相关。在我们这里，两党制意味着资产阶级和无产阶级的分裂毫无错误可言，它意味着，随着政府的更迭，国家的航船将一会儿向这边，一会儿向那边，而最终必然倾覆。只有联合政党制度，只有资产阶级和无产阶级政党在政府之内的联合，才给国家航船的航线提供了稳定持久性。但即使是从社会主义的立场出发，也并不希望纯粹的社会主义政府。在一个资产阶级和无产阶级之间没有权利分配，而且说实话是不平等地分配了的社会中，一个纯粹的社会主义政府假扮着一种劳动阶层力量出现，但它并不存在，它唤醒着那种必然成为泡影的期待，扩大着那种损害着劳动者政党影响的失望。

不是政党联合和政党多元化，而是我们政党制度的僵化使我们的民主发生了困难。在罗马式政制的国家中，首先是法国，有一个不僵化的政党制度，政党没有固定的组织和确定的纲领、群体。它围绕着一个重要的领袖人物构成，它轻松地组合，又轻松地解散。在益格鲁-撒克逊国家中，至少只有一个半僵化的政党制度，虽然有固定和持久的政党组织，但却没有容易破碎的纲领，只有用于具体竞选的"站台"、施政方针。而在德国，则有一个完全僵化的政党制度，在此制度下，政党是具有确定纲领的固定组织。社会主义民主恰恰也是这样一种按照纲领和组织特别的、封闭的政党。我们政党制度的这种僵化性的原因，部分在于历史原因，部分在于我们人民的特点。在政党都是摇唇鼓舌但又毫无内容的极权国家中，一种僵化的信奉忠诚（Bekenntnistreue）必然差不多就是一种观念背叛，帝国议会大厦必然也是一个没有两样的"信奉再读大厅"（Die Halle der Wiederholungen）。今天的政党是极权国家制度的组成部分，它在心理上几乎根本没有任何改变地被接受到一个新的民众国家之中。而我们政党制度的僵化性也基于那种歌德指出的德意志民众轨道上，"一切难做但又难以超越一切"。对于德意志人来说，甚至做到了从灵巧的政治运动战争中走出来进行一场笨拙的政治立场战争。我们的政党并非像人们经常所说的，太过于有点儿利益政党的味道，而是太少了些利益政党的味道。一个利益政党不能将自己局限于一个已有的妥协。对于一个世界观政党来说，任何一种与其原则要求的偏离差不多就意味着背叛。我们的政党对立对于世界观政党对立的升级造成了政治斗争对宗教战争升级，这种斗争以愚蠢和令人羞耻的方式进一步反映到私人生活中。对我们来说，为了我们的政治，我们希望有一些自我讽刺，有一些相对主义，有一点德意志的莱辛精神、英国人的公平竞争（Fairplay）和法国人的温文尔雅。

前述民主意识形态和社会学之间的对立此外还体现在议会操作活动中。按照民主的意识形态来说，民主就是"通过讨论进行统治"。按照自由主义的观点，就像一个公正的价格可以通过各个方面的竞争获得一样，真理也会通过所有各种不同观点之间的自由交流产生。但是，代议机关甚至选举大会早就不再是一个彼此较量的思想对手为了获得正确信念，即产生真理的场所。在个别人思想斗争的场合，实际出现的是团体的权力斗争。选举大会从团体意见交锋越来越变成自身政党观点的单方面宣布，这种观点的宣布使得其对手根本没有机会讲出反对的意见，而且在代议机关中，政党团体在派系压力之下相互对立，它们无论以何种确定的观点确定之后，就根本不能再去听取一种更好的意见，况且它们也不想。对于建立一种新的议会活动制度的良好建议是如此考虑的，即想要使议会的讨论重新成为为了信念而展开的真实斗争。但是人们必须要习惯，议会讨论再也不会是这样一种观点斗争，即它不是为了特定的目的去说服对手，而是要强迫对手或索性将一大堆论点和事实置于对手面前，而对这些论点和事实其对手不可能置之不理，否则必然在公众舆论面前受到损害。真正的观点斗争出于公开的议会交易而越来越少了。不仅是在全体议员大会上，而且还在各个专门委员会中，如今都出现了并且形成了对立的看法，它们并不是真正内心所想的观点，而是被任何一种对立的观点所影响的观点。只是在不同政党的议会领袖之间相互信任的商谈中，才会看到真正的以相互说服为目的的观点表达，但即使这种情况，也渐渐不复可能，因为基于上述信任性的信任由于越来越经常的观点阐释而使得人们对最有相互信任的领袖人物之间的对话产生动摇。在政党领袖之间，包括对立政党之间应该存在一种心照不宣的默契,即形成一个非正式的上议院的意识,在这个上议院中,不仅要使人们对自己的政党,而且还要使其对整个国家具有义务感。基层的政治家们,由于不存在共同性,故而就想顽强地战斗。而政党领袖们则必须在所有政党对立的真实信念方面时刻保持国家政治共同性的清醒意识。

议会政治并不意味着其意识形态如何给人一种印象,似乎议会在实现国家统治。它意味着,领袖们统治,它们呼吁议会的信任,而议会可以在任何时候撤回它们对领袖们的信任,而政治领袖们只要还拥有这种信任,就可以实际上任其所为地进行统治,而不必让议会一步一步地牵引挟持。人们认为,我们现在的比例选举制或许能够阻止领袖制的上升。而事实上,比例选举制意味着,为了成为议会议员,人们不但要在选民面前战胜其他的候选人,而且还要在党内部门中取胜。现在,人们想指望在选举中也要坚决反对政治上的官僚权贵,坚决反对党的书记的领袖制度。但是,对于这种领袖制来说情况并非如此,因为党派机关内部的考验,亦即其自身信念的主张和实现,事实上意味着一种对性格和能力颇具证明力的考验,尽管总是不断有由于党内同志的妒忌所说的终身制的危险,即使在这个问题上存在一种新的从制度角度修正我们的比例选举制的愿望,即使候选人重新与选民保持更加密切的关系,那么不仅会由于对党的书记的反感,而且还会由于对联合辛迪茨(Verbandsyndici)① 的反感而发生这种情况,即不是针对威胁社会民主政党的危险去斗争,而是针对一种在别的政党那里普遍存在的不

---

① 又可译作:联合辛迪加,此处意指出于选举而产生的较为广泛的选举联盟。

良现象斗争。这样，如果一个政党的中心立场不是相对于为了竞选而结成辛迪茨的经济实体确立，而是为了候选人提名而将与地方选民的关系作为关键的话，那么这个经济实体对于党派所能施加的压力自然就要减小。

从议员当中，从党派人士当中产生了政治家。[①] 政治家和政党领袖的区别最直观地通过一种机会主义表现出来。作为机会主义的政治家随时准备抛弃任何原则、任何纲领，只要情况要求他如此，其他人会说，"没人知道他到底相信什么"。而他自己也必须能够清楚地知道，"你们所有人都会迁怒于我"。但是他的机会主义不是毫无立场的机会主义。他现在实际不是对抽象原则负有义务，取而代之的是他对有生命的、处于历史中的国家人格负有义务，政治家已经成为国家机关、国家的组成部分。用并非新鲜的话来说，人在这个职位上就要认识到他其实是要表明一种再平淡不过的经历，即每个政治家成为国家机器，不仅与其个人利益脱离，而且还与其所在党派的特定要求脱离，将个人意志与国家意志融合为一的经历。对于德国劳动阶层而言，政党领袖成为政治家在弗里德利希·艾伯特（Friedrich Ebert）身上得以体现。这在最初遭受多方面的误解，而最后则被所有人理解并且为之感到惊讶。他将政治家的誓言，即他在国民大会上立下的誓言，"作为德意志整个民族的委托而去实践，而不是作为一个单独政党的领头人"模范地履行，社会主义政治家的形象第一次在他这里得到体现。

---

① 参见马克斯·韦伯：《政治职业》（*Politik als Beruf*, 1919）；古尔特·盖耶尔（Gurt Geyer）：《民主中的领袖和群众》（*Füehrer und Masse in der Demokratie*）；汉斯·冯·艾卡特（Hans von Eckardt）：《政治的特征》（*Grundzüge der Politik*, 1927）。——作者原注

但是，政治家不一定只从党派人士中产生，而且还可从专业人士中产生，领袖和官员是有分界的并被区别开来。对领袖而言，他有权实施统治，这意味着去设定目的；对于官员来说，他有权实施管理，这意味着寻找资源并利用资源。这两种任务要求完全不同的能力，可在过去旧的国家中，专业人士走仕途，并直至升迁为政治家绝对不是正常的，而恰恰是非同寻常的和极其有害的。政治家统治，国家官员管理，这在近现代国家中占主导的规则，表明着国家治理的正常情况。但是，过去那种管理任务和政治任务混淆的影响，即国家官员的政治化仍然没有被克服。所以，直到今天仍然很大程度上将一种在旧时国家意义上的政治化官员阶层作为一种政治上的平衡力量。于是，这种"官员阶层民主化"（Demokratisierung der Beamtenschaft）的更远目标就成为理所当然的了：就像他们所想象的民主意识形态一样，他们要构成这样一种国家机器，这种机器可以在毫无抵抗的情况下将每一种统治意志转化为现实。而从社会学的必然性来看，这必然导致官员阶层本身的意志也自然会一直存在，于是官员阶层随时都可能在党派政府的交替中在差异极大的政治化部长领导下工作，煞费心思地使自己与所有部长们保持同样的一致，说白了就是要寻求一条较为中庸的路线活动，并且尽力迫使其部长行走在这一中间路线之上。而且在每个部里面，都会在部长和他的部属之间发生暗暗地斗争，部长想要在他所能够获得的有限时间里，尽可能多地和果断地实现其改革思想，而他的部属们呢，则努力想将其牢牢地固定在金光闪闪的不偏不离的大道上。

这样将民主像所有有生命力的事物来说明，并不是要把它描述成为一个挖空心思的和注满了油的机器，而是作为一个矛盾彼此环接和相互交错的多面体,它本身促进着有生命的人以其聪慧技巧来达到从一个具体事件到另一个事件的平衡。我认为,这就是人们所能描绘的民主的最佳状态。我们要敏锐清楚地看到民主的危机制造者,而且要问他们,他们是想要民主呢还是民主的危机?要告诉他们,因为民主还是在襁褓之中,还远不是完全的现实,所以我们才有理由就民主的危机讲了这么多。

# 论 德 国 政 治[①]

宪法日——如今不是值得骄傲和高兴的日子,而是赎罪的日子。根据现行的民主的宪法,今天首先是独裁条款生效的日子——这种独裁必须要用来拯救民主!但是,并非宪法予以拒绝,而是有责任实行民主的人们和党派。

议会国体是在党派寻求权力的意志基础上建立的。这种党派的意志就是那种想要独自使宪法的整个生命时钟保持摆动的推动力。如果党派不慌不忙地要以权力替代意志,要逃避权力和责任的话,那么议会的宪法必然要予以否决。

德国的政党还没有能够将这样一个简单的真实刻骨铭心,即统治或对一个政府负责实际就意味着失去选民的选票。没有风险而实现统治的艺术,至今还没有被发明。在议会政治主宰的情况下,党派必须将自己置身于交替游戏之中:统治和失去选票,反对并且重新获取选票。

议会政体并不意味着议会统治,而是领袖统治。领袖们召集议会并且随时可以解散议会。只要还是领袖们统治,那么他们实际上

---

[①] 上述论题是为了宪法日 1931 年在《德意志共和国》杂志上发表,在共和国崩溃之后又在《转折》杂志上重新整理发表。——作者原注

就必须通过议会统治。民主的本质是领袖的选择,民主的基本问题是,民主的确认与权威的领导相结合。在我们这里,与民主思想对立的专制思想之所以能够获得影响,是因为在我们这里民主本身包含的专制因素还没有被充分地认识到并且被适当地得到评价。①

政治领袖意味着,不持偏见地,不用某种一成不变的纲领的变形眼镜(Zerrbrille)②看待各种情势。一个政治领袖必须能够承受其他人说:"谁知道这人相信什么!"而他自己也必须能够坦言:"你们所有人都会对我怒气冲天!"③

对于民主政治家来说,说教布道是一大忌。以往经验的古老格言对民主政治家的一生讽刺性地发生着影响。因此,对于各种一次性出现的不同情况的适应,在我们这里比世界上任何其他地方都更加困难。对于施特雷泽曼的权威来说这就是一个证明,这个善变的政治家属于那种人们不能总是可以依赖的人。④

民主有着相对主义的背景。它准备随时接受任何一种观念来

---

① 拉德布鲁赫在其《法学导论》中已经说过:"没有无领袖的有民主——现今这个领袖的呼声如此高涨,以至于相当于独裁者的原因在于,我们对独裁这个必然在每个政治领袖那里都隐藏着的东西,既不想了解也不想承认。"他的这些话,表明他并非是民族社会主义"领袖原则"的同情者,从而驳斥了所有对他政治主张的怀疑。关于这段话,可参见米健、朱林译:《法学导论》,中国大百科全书出版社1997年版,第50页。

② "Zerrbrille"在德文中鲜见使用。在与德国学者讨论时,多认为这是拉氏独具匠心之笔。如何译成中文,"哈哈镜"似可传达部分内涵,但显然意犹未尽。故最后采用了此处最直接的译法。这一小自然段文字在作者原版的小册子中并没有,但在《拉德布鲁赫全集》中却收入。译者根据全集的增补也在此补译出这句话。

③ 这一小自然段文字在作者原版的小册子中并没有,但在《拉德布鲁赫全集》中却收入。译者根据全集的增补也在此补译出这句话。

④ 古斯塔夫·施特雷泽曼(Gustav Stresemann, 1878—1929),国民经济学家、政治家和国务活动家。拉德布鲁赫著述中对他屡有述及。

获得国家领导权，只要是这种观念可能使之获得议会多数。决定国家领导权的是追随者的数量，而不是一种政治观点的实质内容。因为没有任何政治见解是可以证明的，也没有任何一种政治见解是可以驳回的。不过，这样一种相对主义包含着相当部分的怀疑和重新认识，它以成熟和智慧为前提，而这对年轻人来说是不太容易达到的，对于他们来说，其必然的而且有限的社会图像必然就是表现的社会图像。

人们经常无可奈何地从年轻人那里听到这样没有任何依据的说法："我们年轻人就是这样或生来这样。"青年运动使得老一辈领教到老家伙不足为论。我们现在处于这样一个时代，在这个时代中，年轻人说了算，但同样如此少的年轻人足以为论。

时下的年轻人与现在已届五十岁的当年的年轻人是多么的不同！我们曾经有一个差不多是病态的恐惧，即我们受着世界观的拘束，总想给我们面对的一种有限定的现实性赋予无限定的丰富的可能性。这种对于当时那些年轻人来说意味着世界开放的构成可能性，对于那些未能超越这一观念的老家伙们来说却意味着虚无主义的波希米亚群体。今天的年轻人已经放弃了前面说的那种世界开放的构成可能性。他们不能让自己过早地受到那种可能性的羁绊。如果一个青年人神气十足地标榜自己："我是马克思主义者"，"我是民族社会主义者"，人们不妨尝试以这样一个问题去反问："那么你除此之外还是什么？"

任何政治观点都是不可证明的，不可驳回的。由于没有任何一种政治观点是可以证明的，所以它自然会遭遇所有别的政治观点的斗争。由于没有任何一种政治观点是可以驳回的，所以它自然要得到所有别的政治观点的尊重。针对敌手立场的自身立场的果敢坚定和正直是政治斗争的两个基本原则。德国人认为自己的信念是一个不容争议的政治表白，因而政治对手对他来说不是球门就是罪犯。

德国人的政治生活是一个极为古怪的、政党狂热与政党羞涩的混合体：政党政治——呸！但是我的党派超越于所有其他党派，因此已经完全不再是一个党派。这种感情混合其实是专制国家的一个灾难性的遗产，由于专制国家总是要给定一个超越于党派的当权者，因此就必然要强调超越于党派的一种立场观点的可能性，而且从这个立场观点的高度来俯视党派的纷争，就像俯视无穷无尽的口角一样。党派羞涩和党派狂热本是生长于同一根基之上：即一种迷信超党派政治可能性的基础之上。

民族始终是不言自明的。[①] 民族是我们所有人，我们则是仅以不同方式存在的，没有任何人能够证明他的方式是正确的而别人的方式是错误的。如果特定的党派主张只有自己代表民族，那么这就是对所有其他党派的伤害。为了使民族成为一个党派自我标榜的口号，这个党派可以将针对其党派的对立转化为"民族的"这个词，而且人们宁愿咬掉舌头也不要用如此多方面滥用的词提及民

---

① 这个著名的表达方式最初出自德国哲学家、文学批评家和美学家弗里德里希·西奥多·菲舍尔（Friedrich Theodor Vischer, 1807—1887）的小说《又一个》（Auch Einer, 1879）中。菲舍尔曾于1844年在图宾根大学任教授，但由于他在就职演说中直言不讳，故被推迟任职两年。他的美学代表作是《美学，或美的科学》（1846—1857年）。1855年前往苏黎世大学任教授，十多年后又返回图宾根。在其上下两卷的小说《又一个》中，他讲到"道德是不言自明的"，拉德布鲁赫在此则把其转换为民族。其实他在1928年国会上所作的第二次宪法演讲中已经使用了这个表达。

族。真实的民族感如同真实的爱一样,只能存在于内心里而不是嘴唇上。

我自己不能想象,任何一个民族能够像德意志民族这样自以为是。在我们这里是这样一些人,他们在民族的灾难中还能发现其百战百胜的刚愎自用的基石。

在战争中,两军对垒时敌人会受到尊重,而对敌人的仇恨则反倒相应地从前线蔓延至千里之外。政治也同样如此:不同党派的政治领袖们,议会的议员们,习惯于相互谈判和相互斗争、攻击和媾和,但他们彼此之间的评价看法却大大好于后方下级军官们和在饭桌上的政治内战者双方彼此之间的评价和看法。在政治的后方,而不是在政治的前线,党派仇恨疯狂肆虐地蔓延。

在我接受军事教育的时候,有一次一个下级军官对我们新兵这样说:"我要考虑所有可能的方面,但是在人性方面却无论如何不能越雷池之一步!"我还记得,不久以前,一个年轻的学者讲到我的法哲学思想与黑格尔的联系时说,人们所说的启蒙实际上归属于黑夜。[①]人性、启蒙、正义、自由、理性,这个有着鲜明概念的完全光明世界于是乎失去了信誉。在此,我并不想争辩还有更有意思、更意义深刻的概念,我只想争辩这些概念在政治斗争中要达到统治地位。有这样一些东西,人们可以将其放在意义深刻的金秤上衡量,但也有另外一些东西,人们只能将其放在头脑简单的人们理解的小

---

① 这里所说的"年轻的学者"是指民法学家和法哲学家卡尔·拉伦茨(Karl larenz,1902—1993),他曾效力于纳粹政府。他的这句话见其《当代法哲学与国家哲学》(*Rechts-und Staatsphilosophie der Gegenwart*),1931年版,第67页。拉德布鲁赫在这里举此例实际上是对其提出了委婉的批评。

商贩的秤上衡量。政治这个东西是后者。

如同在其他民族那里一样,政治在德国也在一个非常深刻的灵魂层面上发生作用——在一个过深的层面上发生作用。人们对于政治问题的判断是根据最后的世界观的定位,因而对于世界观的定位也根据政治立场来决定。人是自由思想者,因为人在政治上是求取进步的,就像人相信上帝一样,因为上帝是适合一种保守的生命静态。政治并非是在世界观的层面进行,而是在目的唯理性(Zweckrationalen)最表层上进行。

人们可以将人定义为喜好占卜(deutesüchtig)的生命体。所有的一切对于人来说都具有象征意义。不过,人们确实意识到了这种象征实际是倾心于非现实性和不可估量性吗?就像表面上的,最为现实的生活环境,即政治是用象征来填充,议会是不断地处在危险之中一样。谁没有经历过这样的事情:党派之间的对立因为一个毫不显现的问题而发生,而这个问题所具有的政治象征性意义远远超出了其真实的意义?我们不妨研究一下,在议会辩论中处于核心地位的问题是否在社会生活中也具有核心意义,这或许是议会社会学的一个很好课题。

在德国政治中出现的理性政治,并不是因为政治是理性的,而是由于除了理性地进行政治之外根本没有什么其他选择。在德国,人们进行了许多努力,并且期待了很久,直到以其神圣的霹雳强迫我们要理性地进行政治(见题为《国家改革》的演讲)。[①]

---

[①] 1928年拉德布鲁赫曾以《国家改革》(Reichsreform)为题在国会上做了一次演讲。

"政治埋葬了性格。"不:政治验证着性格。谁要是投身于政治,那么谁就不再知道什么叫宽容仁慈的美德,许多在私人生活领域中不许可的东西,在政治生活中都可以得到许可,参政者的性格因政治而得到考验。

# 社会主义与民族[①]

社会主义不否认个人之间的不平等。作为选择领袖的社会主义民主知道如何使每个人人尽其才，任其所用。社会主义同样也丝毫不否认民族的不平等和民族的特点。如同民主不是由完全同样的个别人构成的砖块建筑，而是由不相同的个别人构成的不相同社会团体建成的条石建筑一样，我们所谓的国际也是一个由各种民族构成的条石建筑，而不是由相同个别人构成的砖块建筑。它不是拉加德（Lagarde）所说的那种一个世界国家的"灰色国际"（graue Internationale）。[②] 在这样的灰色国际中，各个民族的多彩多姿融会成一种灰蒙蒙的混合和怪异的颜色，成为一种"广大的中间性（riesige Mittelmässigkeit）。在这种中间性中，所有特征和精神的形式与色彩都丧失殆尽"（饶勒斯语）。相反，它是一个民族的世界联邦（Weltbund der Völker），关于这个世界联邦，饶勒斯说它是，"拨

---

[①] 参见赫尔曼·海勒尔（Hermann Heller）：《社会主义与民族》（*Sozialismus und Nation*, 1925）；保罗·纳托普（Paul Natorp）：《德意志人及其国家》（*Der Deutsch und sein Staat*, 1924)；还有洛塔尔·艾尔德曼（Lothar Erdmann）：《鲁尔之战中的工会》（*Die Gewerkschaften im Ruhrkampf*, 1924)，特别是第86页。——作者原注

[②] "灰色国际"这个表达原是神学家、文化哲学家、民族主义保守派作家保罗·德·拉加德（Paul de Lagarde）1881年一篇论文的题目。他在这篇文章中谈及他所拒绝的自由主义。

动着人类竖琴琴弦的所有人的祖国"。①如果社会主义在劳动共同体中看到了其目标,那么它就不会看不到,个人只有在民族共同体中才具备文化的创造力。对于社会主义来说,国际社会必须是一个具有民族劳动分工的国际劳动共同体。

不过,同样不能忽略的是,文化使命的本身具有国际的特征:作为文化作用的使命根本不存在任何特别的德国的真理、美丽和道德。文化民族和民族文化绝不是思想目的;如同个人的特征一样,民族的色彩从来都不能成为一个文化工作的思想副产品。谁不追寻这个事业,而是追随他的想象,即个人的和民族的特点那种沾沾自喜的表达,那么他就会错过这个事业,从而也就无法获得个性或民族性。如同个性一样,民族性也属于那些只有在人们不去刻意追求时才会获得的价值——只有通过对事业的忘我牺牲才会取得的价值。在所有民族特征的外在表达中所追求的,其实只是一种记号,而不是一种不成熟的、脆弱的民族意识的良药。有人说了,德国人的热情总是因由事实而产生。人们可以补充说:一个德国人只是因事实本身缘故所做的,其实正是不可流逝的德国的。②民族文化的

---

① 拉德布鲁赫是在下面的上下文场合引用法国社会主义者饶勒斯这句话的:"如果一个革命的大联合不久以前号召:打倒民族祖国,万岁大同祖国!那么他所期待的实际不是呼唤一种广大的中间性的民族祖国的消失和大同祖国的兴起,在这种广大中间性的祖国中,民族精神的特征、形式和色彩都将丢失……"相反,"它要呼唤的是:打倒祖国的自我主义和狂热主义!打倒沙文主义的偏见!……"

② 这句话所表达的思想,其渊源最早见于作曲家、音乐评述人和批评家冯·韦伯(Carl Maria von Weber,1786—1826)。当时有一种观点认为:"德国的艺术家们尤其具有追求真实的热情,他们不声不响地,同时也只是为了事实的缘故来做事。"对于这样一种观点,韦伯在一则"戏剧、音乐笔记"中从经济的角度表达了批评的意见:认为"德国的艺术家常常只能是在通过其他的所谓的劳动报酬……看到了他作为一个市民存在已经得到了必要的保障之时,才可能这样做"。

思想并不意味着一个预先设定的文化工作的目的,而是对于一个文化作品随后而来的一种判断。富有生命力的生活本是在善良、真实和美丽的法则之下发生;只有富有生命力的生活才能符合"个性"和"民族"的价值。这些价值属于历史,而且绝对属于缅怀历史思考的,人们以为能够转移到生活中作为目的设定的价值,是一个历史时代的标志。在此,历史本身也被用于历史主义的重现。以往的经验表明,当一种民族意识感受到一种超民族主义思想的使命召唤时,那么这种民族意识就变得最为强烈。近现代民族意识是以法兰西革命大军为起点的,面对欧洲专制主义联盟,他们坚决捍卫了1789年的革命思想。这种思想植根于法兰西民族之中,同时也和法兰西民族一道生长,想要拯救除了法兰西民族以外更多的民族,并且拓展于全世界,这就是:新的自由、平等和兄弟关系。今天,在德意志民族之中,和德意志民族一起生长,也适合于俄罗斯民族的是,去获取和构造这个世界的社会主义的世界思想。民族意识的构造是这样的:一种人民的意识,即一种与生俱来的人类价值载体的意识,就是"人类人民"(Menschheitsvolk)。民族意识本身对于民族的要求与目标特点一无所知,也就是说,其民族的条件和色彩只是后来的历史附带。人类的价值,不是用手中的镜子照出来的特定民族文化,也不是绵延不断传承下来的种族,实际上,它的宝贵价值也不是去认识这个民族的富有特点的手写书体,这仅仅就是一个有自我意识的民族的类型。

由于文化的多样性,每个民族的特性都必然要予以保持。于是乎,每个民族文化都必然要遮盖在一种民族力量的面纱下。这种力量不是为了要把自身民族的文化强加给别的民族,而是为了保护自身文化免受外来力量的威胁。但是那种沙文主义的文化观,是有意识地要追求作为其本来目的的民族力量,从而与社会主义的民族观念有意识地尖锐地区分开来。民族是一个具有自身特征的大众(Nation ist ein Volk in seiner Eigenart),这种特征以文化作为表达。所以,民族实质上是文化民族(Kulturnation)。但在沙文主义观念看来,民族就是"力量"(Mächte),是根据其力量的大小相互区分和相互比较的,但在质量上则是没有差别的。沙文主义观念的最高点就是战争,但同时也是民族差异的最低点。在战争中,诸多民族自由统一的多彩多姿对所有民族来说都沦为几乎是同一土色的,这是一个颇有说明力的象征。每个战斗的民族都强迫别的民族采用同样的战争手段,的确,铁丝网两边的战斗者的心理是完全一样的,"巴比塞的炮火"(Das Feuer von Barbusse)[①]不只是法兰西的历史,而且同样也是每个处在前线的可爱的德国士兵战斗部队的历史。然而,人们想从国家力量的强弱看到民族文化质量的指数,人们强调文化与力量的对称性(Proportionalität)。战争,既是对国家力量的测量,也是对文化的严酷检验(Examen rigorosum der Kultur),战争的胜利不断地被作为正义的起点而被人们赞颂,直到自己最后也遭受失败。事实上,自然科学与技术、经济组织与交通

---

① 亨利·巴比塞(Henri Barbusse, 1873—1935),法兰西作家,第一次世界大战中曾亲身体验过法国士兵的血与火的战争经历。他起初只是一个新印象派的诗人,代表作《泣妇》(1895年);后来渐变成为新自然主义小说家,代表作如《地狱》(1908年)。1914年曾加入法国步兵,且因作战英勇而受过嘉奖。其作品《炮火》(1916年)描写了战争的苦难与残酷,荣获龚古尔奖,他因而成为和平主义者,并且最终从社会主义走向共产主义。他还写了《列宁传》(1934年)和《斯大林传》(1935年)。他的长篇小说《光明》发表后,其作品明显开始具有政治倾向。他最后死于莫斯科。

组织、教育体制与社会伦理的发展水准能够在一种相应程度上表达军事优势，但是最为实质性的文化占有绝对不可能一下子全部转化为军事能量。歌德、但丁、莎士比亚、莫里哀的文化价值不会作为鱼雷发射、作为毒气施放，可是如果鱼雷和毒气决定了这个世界上的一种语言在何种程度上传播并因此而使一种文化得以享用，那么起决定性作用的就不是战争的神明裁判，而是偶然的掷骰子游戏。而且，如果后世的史书记载赞颂世界史就是世界法庭的话，那么事实只能是如此，因为历史总是由胜利者来书写。最高的文化价值并不由军事力量的指数来表明，而且根本不是由数量确定的来表明（Quantitätsbestimmungen）。文化不是可测定的量，而是纯粹的、不可比较的质，如果谁将民族看作是竞争的或完全战斗的不同文化群体，那么文化民族也就不会在其视野之内。

除了出于文化质量（Kulturqualitäten）的毁灭及其向影响份量（Geltungsquantitäten）转换的同样理由以外，社会主义也出于它与个别的经济竞争进行斗争的理由，与民众的战争冲突进行斗争。社会主义和和平主义具有同样的基础和精神。

# 社会主义与法权

个人主义和社会主义观念下的劳动法和刑法

自由主义时代进行了一项如此基本和深入的思想工作，以至于作为出发点的个别化的个人对于我们来说似乎不再是一个抽象，而是作为一种现实出现。然而，我们必须重新意识到这样一个简单的事实：根本不存在什么个别化的人，个人从其所有关系和特征上看都是社会化的人。自由主义时代将我们置于一种思想状态之中，在这种状态中，我们本来就是只想看到树木，不想看见森林。我们在自由主义文化意识中，在民主的意识形态中揭示了这一事实，但它却在个人主义的法权观念中最令人信服地迎面出现。今天，这种事实主宰着法权思想，而且刚刚才开始被一种新的社会法权观念慢慢地予以渗透。

我们可以将这种个人主义的法权观表达为私法的法权观，因为它是以私法，即以个人的法律为出发点的。私法，特别是私人所有权，是所有法权的核心点；公法，即国家的法律，只是一个狭长的、起保护作用的框架，它是围绕着私法和私人所有权设置的。1789年《人权与公民权利宣言》是王冠，一个服务于人民大众的机构；私人所有权却是一个不可侵犯的、不会发生消灭时效的、神圣的法权——皇位，君主专制必须将其拱手相让，并由绝对资本取而代之！现在，私人所有权和契约自由是法律制度的柱石。整个法律世界在意识形态上被理解为一个自由加入的、相互负担义务的有机组织。人们误认为，私人所有权和契约自由是相互矛盾的，与契约自由相联系的私人所有权不只意味着一种对物的力量，而且还意味着对人的一种力量，契约自由对于那些拥有这种力量的人来说的确是自由，但是对于那些面对这种力量的人来说则是无能为力。拥有私人所有权的人可以一直等到不拥有所有权的人最终接受对自己有利的工作条件，因为后者早晚会迫于生活的需要不得不按照前者给出的劳动力价格来出卖其劳动力。只要是不仅仅对物，而且还对人及资本赋予力量，我们就称之为私人所有权。资本主义的法律制度意味着，在一个以平等和自由为基础建立的全部秩序表象下，实际上不外乎是先前已被其克服的劳动者依附制度——而这种制度就是，以各种不同法律形式体现的佃农对于地主的隶属，地主则因此也同样对信任他的人负担诚信和照顾的义务。根据法律表象仅仅涉及物的私人所有权制度，根据法律表象既有的契约自由制度，在没有任何社会伦理背景的情况下，最终仅仅单方面地对资本家和劳动者之间的关系予以限制。依附关系虽然曾经是一种没有人的尊严的法律关系，但它究竟还是一种法律关系，一种赤裸裸地把人作为其对象，把人作为人的客体而设计，被社会道德予以渗透的法律关系。物上私人所有权制度和人与人之间的契约自由制度在劳动关系中所看到的，仍然只是被视为同类型财产，即劳动和工资两者之间的交换。这就是说，如果认为劳动不是一种与其他财产一样的财产，而不外乎是整个人，而且由此构成相应的劳动关系，那就错了，也就是说，恰像劳动力是一个物，而不是一个人。把像劳动力服务租赁和雇佣租赁这样的劳动关系从法律上解释为与物之租赁，即租赁同样的法律概念不是没有道理的。资本主义私法勾画的影响最终可以这样来表述：个人主义的法律观所看到的，无论是在占有者那里，还是非占有者那里，都不过是孤立的个人，而不是社会化了的人，即不是社会的实力地位和社会的无能地位。

但是，这种个人主义的法律观念不仅渗透了私法，而且渗透了所有的法律领域，特别还有刑法领域。如同在劳动关系中劳动和工资是相对出现的，传统的报复刑法也将犯罪与刑罚对应地对立。就像有人认识劳动关系中的劳动一样，也有人认为刑罚中的犯罪是出于个性的全部关联，即将其作为一种客观价值（Sachwert）予以考虑，而这种价值是一种人们可以用另外一种客观价值予以平衡的。但这种认识的错误在于，一项犯罪不是犯罪本身的实现，而是一个人实施了一项犯罪，因而这个人应该被处以刑罚。况且，这种观点没有认识到人其实是被嵌入于整个社会之中的，因而没有正确认识其犯罪根源。根据传统的刑法，罪犯（Verbrecher）仅仅是行为人（Täter）。① 如同劳动者只是"劳动之手"一样，甚至像根据俄罗斯农奴制度的习惯语一样，不是"魂灵"（Seelen）。换言之，从私法的角度说，他仅仅是被理解成为其劳动的行为者。因此传统的刑法仅仅从罪犯与行为的关系方面，而不是从罪犯所绝对依赖社会的总和人格（Gesamtpersonlichkeit）方面对犯罪予以考察。

---

① 传统的刑法通常被称作"行为与报复刑法"（Tatung-und Vergeltungsstraferecht），它与弗朗茨·李斯特（Franz v. Liszt）的社会刑法学派的"行为人和预防刑法"（Täter- und Präventionsstrafrecht）相区别，拉德布鲁赫也被归于这个学派。这个学派的观点是："不是行为，而是行为人要予惩罚。"

不过，这种社会化的人的形象已经开始使自己在今天的法律中发生影响。当代刑法发展的意义在于，犯罪是表现为个人作用（Auswirkung）的人本身的行为，具有犯罪行为的人则是表现为发生个别作用的社会，而且刑法关系是作为一种彻底的社会过程：被视为患病社会肌体的自我痊愈。但是，无论是从表达或内容来说，这只是对于犯罪和刑罚的"社会主义的"观念。不过，在一个不公正的社会里，公正的刑法只能是相对的公正，最为公正的刑法典的主要重担始终是落在无产者肩上。在一个不平等的社会中，那种所谓对所有人平等的刑法，恰恰就意味对无产者最令人震惊的不平等。阿纳托利·弗兰斯（Anatole France）说，"法律以其庄严的平等既禁止贫穷也禁止豪富露宿桥下，街头行乞和窃食而生"。① 有一句古老的德国谚语早就以显而易见的玩世不恭话的说过："懒惰和游手好闲的结果不是高高的利息就是高高的绞架。"如果用李斯特那众所周知的话说，一个好的社会政策同时也就是最好的刑法政策，② 那么刑法根本上就是填补罪犯造成的损害，亦即社会政策在服务于罪犯时被忽略的东西。从某种程度上讲，在一个最好的社会秩序中，必然要有一个犯罪人群和针对这个犯罪人群的社会反作用，这个犯罪人群不仅仅基于无产者的境况，而且还基于心理变态而发

---

① 这句颇具讽刺意味的话出自弗兰斯的社会批评小说《红百合》（*Le Lys Rouge*）。拉德布鲁赫在其《法学导论》中也引用过，参见米健、朱林译：《法学导论》，大百科全书出版社1997年版，第88页。今译的最后一句文字略有变动。法文原文较准确的译法当是："根据法律那庄严的平等，穷人可以为有钱人劳动，而有钱人则也像穷人一样，不得露宿桥下、街头行乞和窃食而生。"

② 参见弗朗茨·李斯特：《决定论者——目的刑罚的对手，刑事政策和瑞士刑法预案的要求》，载《刑法学报告与论文》，第2卷(1905年)，第24、65、94、95页。

生。无产者是以一个人在生产过程中的特定地位来说明的,这种地位将通过社会主义的社会改革得到改变,而通过这种地位的改变,以无产者社会境遇为条件的刑事犯罪将消失。但是这种基于心理条件的犯罪人群大部分属于"流氓无产阶级"(Lumpenproletairia),他们绝不仅仅由无产者构成,而且同样还由所有社会阶层的阶级没落分子构成,这些人由于心理变态不可能融入生产过程中。换言之,这个阶层完全处于生产过程之外——可这却不能导致任何如此合目的性的规范消灭。① 但是,现代社会的刑法发展方向必须是这样的,即与现今刑法相应的刑法的反作用必须越来越多地限制在这个犯罪阶层的核心群体上。对于这个群体,绝不可能用社会政策予以对付。但是对于犯罪,即缘起于我们社会的不健全而发生的现象,刑法却可以愈来愈多地以社会救济替代。刑法的这样一种进步的分解,特别是自由刑,已经发生。在一些为数不多的案件中,将有越来越多的可能抛开刑罚不论,或不再允许提起诉讼。罚款(金钱刑)相对于自由刑而言是进步的进军。在刑法中,短时间内将不会再有不可超过的最轻刑。至少,自由刑的执行在大量的案件中将被拘押期限所节减。② 人们已经考虑到用保障措施、安置在各种类型的教养院等来排斥刑罚。那些所谓的轻微犯罪如乞讨、流浪、娼妓等将在可预见的将来不再受刑法调整,而是归于看管法(Verwahrungsgesetz)。如今已经有了刑法草案,这个草案大胆地设定了刑法发展的长远目标:即由社会主义者恩里科·菲利起草

---

① 参见奥达·奥尔贝格:《文化局限性的变态》,1926年。——作者原注
② 恩里科·菲利(Enrico Ferri,1856—1929),意大利刑法学家,曾先后任博伦纳、锡耶纳、比萨和罗马的教授,曾起草过1921年《意大利刑法典草案》。

的意大利刑法草案所阐明的教化和保障（Besserung und Sicherung）措施，或者是如同菲利所说的，惩戒（Sanktion），但不再是刑罚（Strafe）。

现今法律转向于社会化的人的倾向最明显不过地表现在劳动关系的新构成方面。传统的私法，在阶级意义上也可称之为"市民的"（bürgerliches）法，只承认平等主体，他们双方都可以彼此自由自主地相互签订合同，劳动者并不因其力量弱势而面对雇主。这种私法对劳工阶层的团结根本不感兴趣，这种团结曾为相对于雇主处于力量弱势的个别劳工寻求救济；它对大的职业联合会也丝毫不感兴趣，其实根据劳资协定，这些大的职业联合会乃是劳动合同的真正订立者，市民法看到的唯有单个的定约人和单个的劳动契约；最后，市民法对于企业联合统一也根本不感兴趣，市民法关注的只是同一个雇主与众多被雇用者之间所订立的劳动合同的多样性，而后者没有任何法律上的联系，不是作为一个封闭的社会学单位的企业职工群体。新劳动法的实质是，它不再像抽象的市民法一样只是人[1]，而且还有企业主、工人、雇员，所看到的不只是单个的人（Einzelperson），而且还有联合会和企业，不只是自由的合同，而且还有严峻的经济力量的斗争，这些斗争构成了既有上述那些自由合同的社会背景。在此，单个的人表现为他的联合会、他的企业，最终是整个经济和社会的肢体器官，而所有的人都有这样的动机，它是产生于共同体理念或至少那种集体自我主义，我们把它称作团结。作为一种集体构造（Kollektivgebilde）的有机体，不仅有工人，

---

[1] 指人格人。

而且还有企业主。在企业主的单个人的背后,出现了企业运作的集体构造。企业主以前就可以像墨菲斯托(Mephisto)说他的马那样说他的工人:

> 我若是能买六匹骏马,
> 我的力气岂不更大?
> 我就像有二十四条腿,
> 我扬鞭飞马是一个真正的男子汉。[①]

现在,一个这样的事实被重新发现,企业主用以劳动的"手",不是他自己的手。如果能够把法国国王路易十四的话稍加变动而借用,来给企业主们辩白的话,那么就是:"朕即企业。"于是乎,根据《企业委员会法》,每个工人现在就可以说,"我们大家就是企业"。1879年以来,《企业委员会法》在思想上发生了巨大的法权革命(Rechtsrevolution),当然现在还仅仅是开端,是刚刚开始去付诸实现。

把集体人(Kellektivmenschen)作为权利请求(Rechtsforderung)的对象来考虑,同时意味着这个集体人当中的人们彼此之间要有一部分集体道德。一种新的权利道德化(Versittlichung)于是由此开始,目的是要实现以伦理义务为内容的权利履行。《宪法》说,"所有权有义务使在其实现利用的同时服务于共同体的福祉"。如今,

---

[①] 此语出自歌德《浮士德》,书斋。杨武能译本中的这段话译作:"比如我能花钱买六匹骏马,是不是拥有了它们的力气?我纵横驰骋,风光得意,不就像有了二十四条腿似的。"参见杨武能译:《浮士德》,燕山出版社版2000年版,第84页。

已经有了这样一种看法，即如果一个社会没有现实的伦理，那么它就会成为一种约定的谎言，人人皆知，这就意味着不道德对美德的取代(Tribut des Lasters an Tugend)。资本就很害怕自己被称作资本，从而承认其纯粹的个人利用的功能。人们宁愿听到"经济"，听到资本主义的"经济经营者"这样的说法，很少有人在理论上表达这样的观点，即只有在资本和资本家的国民经济功能上，才能够寻求资本和资本家的合理性。私人所有权和合同自由似乎越来越作为一种私人积极性(Privatinitiative)而在无所不容的公法之内，暂时和有条件地获取活动空间，这种条件在于，其展开的活动能够保证一种期待，即私人积极性在为了寻求个人利用的同时，也要服务于普遍的社会福祉。只要是这种期待被证明不能够实现，那么这种私人积极性就可以被阻止。于是，在现今的法律秩序当中，就勾画出了未来社会主义法律秩序的一个基本轮廓，在这个未来法律秩序中，如今越来越被公法左右和渗透的私法注定要完全献身于公法。

这种法权观就是已经由社会民主党的《海德堡纲领》予以表达的要求："财产权向社会共同体权利的屈服。"①

---

① 拉德布鲁赫在1945年之后没有再谈到这个观点，并且予以否定。因为这个观点会窒息个体的自由和自主。另外，1921年《格尔利茨纲领》(Görlitz Programm)包括了承认议会制民主国家不可取消的内容，而1925年社会民主党的《海德堡纲领》(Heiderberg Programm)则从这个立场上退了一步。

# 社会主义的家庭观

婚姻和家庭都是共同体。资本主义的发展导致了这类共同体溶解为各种纯粹的个人主义关系。社会主义没有具备充分的条件让这种发展逆向而行。

前资本主义发展仍然将房屋和院落看作是经济单元,这是手工劳作和农业劳动中经济团体的最小细胞。在共同的经济活动中,男人和女人、父母和孩子分工并结合。资本主义将房子、院落和家庭这些生产共同体爆破了。更强一些的社会学构成,即新的经济共同体企业,将原本是家庭成员的个别肢体从家庭中拽出来,使他们当中的每一个都成为另外一些经济单元的成员:男人去到工厂,女人在他人家里帮工,女儿在商店里做售货员,儿子或许是在某个办事处做生意助手——家庭在此已经不再是一个具有自己生产任务的社会学构成。它越来越不作为一个消费共同体存在,越来越被消费经济共同体的任务所掏空:纺纱、编织和取火、浣洗、烘烤面包和蒸煮、养鸡场和菜园从家庭经济分离出来,演变成特别的手工业行业,是的,迄今为止的家庭教育转向了托儿所、幼儿园、学校。由于这种掏空,家庭渐渐丧失了一个有机体、一种个体性的特征。简陋的大筒子楼现在容纳了许多家庭,它们都被分解成一种没有形体的,因而也就充满了摩擦的<u>楼道和台阶住房共同体</u>(Hausflur-und

Treppenhausgemeinschaft)。家庭失去了其形体，变成了一种纯粹的家庭成员之间的关系，而围绕着家庭的是正在形成的新共同体，即企业共同体、职业共同体、政治思想共同体。

想从以经济活动为基础的发展到个人主义的家庭元素溶解过程中获得文化与法学结论的努力，在妇女运动和青年运动中得到体现。家庭作为有机的社会构成的观点仍然意味着特定家庭成员对于其家庭成员的主宰。首先，家庭的有机构成便以家父的父权主宰制得以表现。妇女运动和青年运动努力反对这种主宰，以寻求实现妇女的平等和青年的本身权利。家庭的个人主义松动已经在立法中开始实现：离婚的简单化，婚生子女和非婚生子女的平等地位，它打破了家庭作为合法繁衍共同体的垄断。其次，由共同体完成亲权教育的监督和承担。如今，教育权已经不再是父母的固有权利。家庭教育已经成为委托出去的共同体教育，它可以在家庭教育滥用之时使共同体重新介入子女教育。青少年利益法和青少年法院法就是在此发展方向上一个颇有深远意义的进步。

就像社会主义对于从手工业作坊到工厂的整个发展无能为力一样，它也没有力量抗拒家庭联合的个人主义解体。它虽然可以个人房屋和自有房屋的形式，努力尝试建立一种特定的新住房制度，从而再赋予家庭以边界和形体，但它也还是没有能力使之重新回到一种共同体的形式上来，因为它并不具备回过头来重新构造一个生产共同体的能力。在这种从共同体的婚姻和家庭向个人主义的关系的发展过程中，我们现今的婚姻和教育的全部难题都已经包括其中。因为在现今这类关系中，女人与男人、孩子与父母都是通过事实上的生存活动以唯一绝对的个人联系彼此面对面地直接相处。

农民和手工业经济时期的婚姻从一开始就非常牢固,因为它没有必要成为一种真正的婚姻,[①]一种直接通过共同的实际生存活动,无须迂回而形成的人与人之间的结合。人有这样一种本能,即在人与人之间推进实际生存活动,并在这种活动过程中实现他们彼此之间的结合与分离,其目的在于他们因此而不再必然地直接地面对面和心连心,于是在所有的危险和变数当中,都可以使他们保持着一种纯粹的个人关系。这种逃避灵魂共同体而进入利益共同体,逃避仁爱而进入同志关系的情况由于婚姻的去经济化,由于共同的实际目标失落而变得越来越严重——不过同样也正是因为如此,又使得婚姻重新直接面对其本来的使命而存在。[②]

就像男人和女人的关系一样,父母与子女的那种不言而喻的控制关系也被共同体的拘束所掠夺,而且成了个体决定的东西。通过避孕手段的普及,生产与受孕已经不再是一个自然进程的简单生长结果,而是成了可以自由决定的事情,一个严肃的问题和责任负担现在完全取决于个人良知。不过,对于子女的教育则从一种自发的过程发展成为一种自觉的工作。在完全由各种任务充斥的家庭共同体中,这个共同体从一开始就同样为其所抚养的成员教育操心。家庭是较大的民众劳动共同体的一幅缩小了的图画。在孩子们成长过程中,他们先是进入关系较为紧密的劳动共同体时期,而后又

---

[①] 拉德布鲁赫在此的意思是农民和手工业时期的婚姻本身就是一种真正的婚姻,故很牢固,而他随后所描述的则是一种变质的婚姻。

[②] 有关社会主义的文献特别参见舍费尔博士(Dr. Sophie Schoefer):《婚姻问题》(*Das Eheproblem*, 1922)。此外,对于婚姻问题和现代俄罗斯问题颇有价值文献还可参见亚历山德拉·科伦泰(Alexandera Kollontay)小说集中的《爱之路》(*Wege der Liebe*),尤其是《瓦丝丽萨》(*Wassilisa*)。——作者原注

不知不觉地走进了更加广泛的劳动共同体之中。家庭通过在家庭中实现的各种各样的丰富家务事,最完美地预设和实施了人们将来可能在各种职业中所期待的任务,透过社会的这种富有生命力的运动部分,人们看到了整个社会的写照,当然同样也是整个社会的影像。以前通过社会实际情况所学到的和所习惯的,如今必须在幼儿园、职业学校,尤其是在家中通过有意识的教育工作非常辛苦地完成。

事实表明,时时处处都在考虑建设共同体的社会主义,必然地要以激进的态度来理解婚姻和家庭的个人主义。只有如此,它才能够实现其最固有的本质,当然也度过其最终的难关。

# 社会主义与宗教[1]

基督教的和社会主义的伦理／宗教的实质（本质、理想、文化、宗教）／社会主义宗教的形态

按照社会民主党《爱尔福特纲领》那句著名的话，宗教是"私人事务"（Privatsache）。这也就是说，它既非国家事务，亦非党派事务。但是，如果社会主义不对宗教表明立场，无论是积极的或消极的，那么它或许就不是世界观。这意味着，社会主义党派绝对不会放弃社会主义世界观，即使是在与宗教发生论争之时仍然如此。

社会主义和基督教乍一看上去似乎有比较近的亲缘关系特征。基督教同社会主义一样，最初也源自穷人和被压迫民众的运动；基督教同社会主义一样，也必须忍受迫害和殉教；基督教同社会主义

---

[1] 参见保罗·蒂利希（Paul Tillich）：《当代宗教状况》（*Die religiose Lage der Gegenwart*）；卡尔·曼尼克（Carl Mennicke）：《作为运动和使命的社会主义》（*Der Sozialismus als Bewegung und Aufgabe*, 1926）；爱德华·海曼（Eduard Heimann）：《作为伦理思想的社会主义》（*Der Sozialismus als sittliche Idee*），载《社会科学文档》（*Archiv für Sozialwissenschaft*），第 52 卷（1924 年），第 154 页以下；保罗·戈雷（Paul Göhre）：《未知的上帝》（*Der unbekannte Gott*, 1919）；卢多·M.哈特曼（Ludo M.Hartmann）：《基督教和社会主义》（*Christentum und Sozialismus*, 3. Aufl.1916）；格尔达·泽克尼克（Gerda Soecknick）：《近代宗教的社会主义》（*Religiöser Sozialismus der neueren Zeit*, 1926）；保罗·皮肖夫斯基（Paul Piechowski）：《无产阶级信仰》（*Proletarischer Glaube*, 1927）。——作者原注

一样，都完全相信穷人与富人对立的命数。所有具有人的面孔的人都是平等的思想，既主宰着社会主义，也主宰着基督教。不过，基督教对于这种平等的理解主要只是将其作为死后或在上帝面前（im Tode und vor Gott）的平等。两者都共同地要求兄弟友爱。早期基督教和社会主义一样，都是从这种兄弟友爱中得出财富共同体的结论。然而，这种结论对于基督教来说只是一种消费共同体，并不意味着生产共同体。两者都将兄弟友爱的要求扩展到整个人类，两者都谴责暴力并且预言整个地球上的自由。毫无疑问，假如在这个世界上从来没有过一个基督教，那么也就根本不会有社会主义。

然而通过进一步的观察，我们可以发现两者的不同之处却占主要。社会主义伦理的关键词是团结（Solidarität）。而基督教伦理的关键词是博爱（Nächstenliebe）。博爱这个词本身就已经表明，基督教只关注道德影响，即人与人之间的直接关系，而不是社会中每个行为对于社会及其距离最远的成员的深远影响。基督教伦理可以完全不将任何一项行为的社会深远影响纳入自己的视野范围，因为这种影响较之于我们的伦理来说，是一种远未发展和交融的经济的伦理。它是这样一种经济状态的伦理，在这种经济状态下，经济联系局限于彼此关联的个人关系中的人，局限于单个的人及其相邻关系。但如今经济上联系着的人范围扩展到整个市民，而且，他们的每一个行为都对众多人、对不认识的人、对整个社会发生着特定的直接或间接的社会影响。这正是近代社会主义道德的实质，不是博爱，而是团结。人们喜欢从一种变得越来越错综复杂的经济关系的角度，将这种团结视作基督教博爱的一种继续发展。但它却又与传统的基督教伦理在心理学结构方面有本质的区别，尤其是其智慧特征(Einschlag)更能体现这种区别所在。博爱还喜欢尽可能地以简单纯朴的仁慈心肠的形象出现,而社会伦理性则以必要的社会知识为前提。这种知识正是想为了获得那种长远影响,也就是我们的每一种行为方式对社会的或此或彼的其他人产生的作用。因此,在一个交错复杂的社会里,最大的仁慈只有和最极度的聪明才智结合在一起才是可能的:对于这种仁慈,基督教的那句话也完全是有效的:"你们要像鸽子一样准确无误,像蛇一样聪明机智。"[①] 除了这种智慧特征外,这种社会伦理的制度作用也可以说明问题。博爱生存并作用于理念和行为之中,团结则体现在制度当中。这种社会伦理的制度发展迅速地远远超过了社会伦理意识。人并没有变得好些,但制度则比以前好得多。当然,如果社会伦理意识不去追赶和填补匆忙前行的社会伦理制度,那么社会伦理制度也不会长久地存续。制度的社会伦理和个人的社会伦理相互需求。

但是,如果我们要将直到现在所说的基督教伦理以一种现代的社会伦理来考量,也就是说,它本身就是一种社会伦理,只不过是还没有完全构建好的社会伦理,那么我们就完全误解了它的实质。社会问题实际上远远地存在于社会表层之外,深深地根源于其立足点。假使人们确实不相信通过耶稣口中说出来的话:"给那个皇帝他所拥有的,可是上帝,什么是属于上帝的!"这句话的前半句与人们所说的同样具有讽刺意味的一句话有不同:因我的缘故也给那皇帝所拥有的,但如果是因上帝的缘故,那么什么是上帝拥有的呢——仅仅是后半句才是句子的中心意思所在。就拿在葡萄园中劳动的工人来说,仁慈和宽容用大手笔提出了远远超出权利和公正的

---

[①] 参见《圣经·马太福音》,第10章,第16句。

问题。① 在这个乍一看最有伤大雅的比喻中,耶稣成了一个要求所有人平等,但实际上却不公正的管家。这个管家的不公正被如此地轻描淡写,以至于这种不公正竟被大言不惭地比喻成基督徒行为的精神价值:"主赞颂不公正的管家办事聪明机警。"除了这个比喻的本来意义之外,它还表达了一个如此令人惊诧的想当然的思想:就像你们公正的财富事实上是不公正的财富一样,你们在上帝面前的权利也是不公正的权利。② 不过,这句令人震惊的话还从其表面意义的深处隐喻着这样一个闻所未闻的、对所有价值的重新评价,它居然如此这般地说:不要抵抗恶行,不要为了一件裙子争执,再给他一件大衣,有人打你的耳光那就给他面颊!③ 这个完全客观的权利、正义的伦理和承载这些伦理的制度设置,也就是说,国家、人民、法权、工作、工厂和文化,所有这一切都和原初基督教的伦理不相容。在上帝面前,只存在个别的人及其灵魂。在可怕的孤寂当中,每个人与上帝之间的终极对话通过他被赋予的才智,与上帝面对面地进行。基督教是激进的个人主义。这样一种终极的个人主义与所有的社会伦理同时获得了其完全有效的一席之地。当然,它是在一种完全不同的灵魂层面上获得了这种地位,而这种灵魂层面只是诸多人类灵魂层面中的一个层面;这种个人主义也深深植根于人类的经历,就像植根于分娩的女人和垂死的人中的社会伦理一样。对于这些人来说,没有什么共同体,他们是从每个共同体中撕扯下来

---

① 这是《圣经·马太福音》中的一个典故,详见本书"社会人民国家中的法权"篇中的译者注。

② 参见《圣经·路加福音》,第16章,第1—9句。

③ 这句话实际出自堪称基督教经典的教义,因此处德文是间接引述,故与其本来的表达方式有所不同。参见《圣经·马太福音》,第5章,第39句。

的，他们孤寂得可怕。而且，当其邻人向其伸出援助之手时，这对他们来说不外乎是永久的灵魂和深渊，而他们正处于跌落这个深渊的危险之中。

但即使灵魂纯净的个人主义伦理也依然是前院，而不是庙堂。道德说教还不是宗教。宗教根本不知道应然与罪过，也不知道善与恶。宗教的实质可以用两句话来概括，一句话是出于旧约，一句话出于新约。旧约中那句概括了创世史的话说："上帝关注着他所创造的一切，而且看到一切都很满意。"新约中的那句话说："对于上帝所爱的人们，我们所做的一切都必须是与之尽善。"宗教的意识是"一切皆善"，宗教通过公正与不公正来表明其存在，通过其"是"和"阿门"、"归根到底"和"尽管如此"[1]谈论所有事物。为了表明宗教是所有思想和行为不可免除的终结部分，于是乎就提供了所有的理想帝国让人们去漫游，用一个实际上是所有人生问题总和的问题去叩响所有的房门，即以我们短暂生命的永恒意义的问题，以这样一个问题：我们为什么生存，就因为我们必须要死去吗？

我们满怀欲求地踏上这个野性十足、多彩多姿的自然帝国。但是却生不久长，我们的心情如同福格尔维德（Vogelweide）笔下的瓦尔特骑士（Ritter Walther）在其令人震撼的旧体诗中所说的那样：

> 世界的外表是多么可爱，雪白、翠绿、鲜红；
> 可它的里面却是那样黑暗，死亡般的阴森恐怖。

自然界所有的色彩都将被科学最终转变成一种全无规律可言

---

[1] 这里"是"和"阿门"、"归根到底"和"尽管如此"的引号是译者所加。

和失去色彩的网络，转变成一种不可解开的原因与结果的齿轮联动机制，这是没有人情味和毫无同情心的。自然带着僵死麻木的面具，嘲笑着我们的痛楚、我们的幸运，却无视我们的价值。她沉着冷静，毫不为之所动地让其法则的齿轮转动得更快并超越我们，给我们带来疾病、痛苦和死亡。我们这里用一个金属的盒套儿承载着这个大世界的一个小影像：我们的怀表。我们当中的每一个人都曾被从睡梦中唤醒，在夜的寂静中不由自主地为这只怀表越来越高、越来越生硬的嘀嗒声所着魔，在永恒的深渊中为这不停的时光滴漏所着魔，为这毫无同情心、滴漏般地计量着我们生命期限的渗漏所着魔。我们在此蓦然而生且又与日俱增的恐惧感，这种毫无意义、毫无目的和价值的感觉，其实就是自然用以最终解脱我们的感觉。因为自然根本不知道什么价值，自然根本没有什么目的，这些都是我们对自然的强加！

于是，从我们身外的世界所进行的观察就回到我们自身。我们在自身之中发现一种能力，这种能力自以为如此之强，因而足以超然于自然规律之上，可以与自然对立设置理想，与实然对立设置应然。一个理想、价值、目的的王国在我们眼前呈现，即一个负有使命的尘世。仁慈、真实、美丽的三元天体通过我们的生命运行，而且攫取并掌握了我们的思想、意愿和感觉。假使自然迫使我们毫无所为、毫无价值的思考，那么这种理想就会召唤我们寻求实现价值的行为。

于是现在我们的创造意志就会抓住自然，并且强迫其为了理想服务。自然法则，同样还有我们的主们，现在都不得不勉为其难地为我们服务。人类的痛苦现在将屈从于一种新的法则，这是人类创造的、有价值取向的法则。但是技术和文明,习俗、法律和国家仅仅是更为崇高的人类成就的初期阶段。借助于这些手段及其保护,人类的理想开始下凡:真实寻求在科学中形成,美丽直观而且生动地见之于艺术中,而善良则是存在于个别人的良知之中,存在于有众多成员的合作社慈善机构之中。在技术与文明的广泛基础上,巨大的文化金字塔建筑一层层地升高。

但是如果我们追求意义的渴望由此而静止了呢?恰恰是在文化的高度上,尘世之痛也延长到它痛苦的极限。因为尘世之痛跨越了所有的知识领域,连浮士德也只不过刚刚感触到"我们只能一无所知"这样的痛苦。在所有人类知识的象征者与工具之间,丢勒(Dürer)[①]的忧郁向空荡阴郁的空中投去充满绝望无助的一瞥。从伦勃朗(Rembrandt)[②]那幅画中,一种更为高尚的痛楚的绝望在灿烂金盔那无可挑剔的艺术之美下如此徒然无望地注视着我们。在米开朗琪罗的美第奇之墓上,[③]在傍晚时分长眠的绝望和在清晨拂晓醒来的失望,白昼强有力抑或无力地依赖着命运,黑夜却将沉睡不

---

[①] 即阿尔布雷特·丢勒(Albrecht Dürer, 1471—1528),文艺复兴时期德国具有代表性的艺术家,他在油画、版画和装饰设计等方面独具特征,其人文主义的思想倾向使其作品体现出知识与理性高度结合的特征。在他的作品中,每每有阴冷忧郁的表现,其晚期作品《基督受难》中基督仰天绝望的一瞥,成为极有蕴含和深意的笔触。

[②] 伦勃朗(Rembrandt, 1606—1669),十七世纪荷兰的伟大画家。其油画、蚀版画以及素描等均有相当的成就。

[③] 美第奇墓,意大利佛罗伦萨的人文古迹之一。该墓的设计建造出自颇受美第奇家族之恩惠的米开朗琪罗,米氏死后,由其弟子接着完成。主墓罗伦佐·美第奇(乌俾诺公爵)和朱利亚诺·美第奇(内木尔公爵)两棺相对而厝。罗伦佐坐像戴头盔,作沉思状,其下有象征"晨"的觉醒女神和象征"暮"的入睡男像。朱利亚诺坐像手持权杖,其下卧像是象征"昼"的男像和象征"夜"的女力士曲身睡像,前者具有大力神的体魄,后者则柔软无力。拉德布鲁赫在此是以他对米开朗琪罗作品的阐释理解,表明其对世事人生的充满矛盾但又无能为力状态的态度。

起作为唯一的幸福赋予。在没有监视的循环运动中，在只有通过退步才能换来的进步中，在对于一种遥远无垠的理想永无止境一点点地接近中，在用漏水桶盛水般地完全绝望的、徒劳无益的工作中，文化距其目标始终都是那样遥远。这种自然最终遗留给我们的深深恐惧，这种理想用以面对自然的高度无能为力，这种每日傍晚伴随着文化工作油然而生的、如坠入无底深谷的疑虑绝望，或许就是我们至今漫游徘徊的全部所得，而就我们生命的意义来说，我们现今距离所设定的目标依旧还像我们最初开始那样遥远。

不过我们毕竟还没有走到尽头。明媚晴朗的春天早晨总是天真无邪地一次次地带着阳光灿烂的自然唤醒我们来到一个没有以往的新的生活开端，给人欣慰的秋天的傍晚总是一次次地用充满母爱的柔软的双手抚摸所有的伤痛和罪责，我们总是一次次地懂得承认：人类的确是善良的，世界的确是美好的——无论如何，最终必然如此。对我们来说，这似乎是所有惊奇中的惊奇：我们能够看透伤痛和罪责、生命的空想和无端，但是我们却能够生存，是的，能够高高兴兴地生存：

> 我生却不知为何而生，
> 我死却不知何时将死，
> 我行却不知走向何方：
> 我诧异我还如此快乐。[①]

---

[①] 拉德布鲁赫引述的这个很有深意的短句究竟出哪里并没有定论。很有可能是出自一个古老的墓志铭文。因为这首诗采用的是典型的古日耳曼语四行诗体。最后一句还有一种表述方法："我诧异，但我仍然如此快乐。"

但是,这种快乐,亦即无论如何而对生命的肯定,就是一种宗教,或许恰恰也还是对《圣经》和教义的了解、对僧侣和教堂的了解,如果它不是对上帝和彼岸的了解。但是,这种快乐永远不可以成为一种常态,否则就会变成一种腻人的惬意。因为当快乐变为一种常态时,所有理想的热情活力和对于现世的批评,所有奋斗和工作乐趣都会衰退。如此一来,这种快乐实际上就会成为"民众的鸦片","作为民众虚幻幸福的宗教就会被扬弃并成为对现实幸福的要求"。[①] 但是,宗教不是一个人们可以步入其内、永远不再出来的修道院,而是一个人们把远游手杖倚墙做短暂歇息的路边教堂。宗教必须始终不断地被另外的人重新获得,我们自身也必须一直不断地重新回过头来看看理想对于自然的不充分,看看对于文化的绝望,以求总是重新在宗教中获得一时的庇护和拯救,而后又重新踏上跋涉尘世的路途。不过这种循环过程并不是毫无成果的冤枉路。一种深深的喜悦,一种最终的乐观主义使宗教得以区别于其他一些精神王国。宗教不是那种轻率肤浅的乐观主义,这类乐观主义不想看到伤痛和罪责,而是纵然世事万般,我自依然毫无所谓。如今,出现在自然面前的人不再怀有被自然囚禁的恐惧,相反,倒具有观察者深思熟虑的爽朗喜悦。如今,理想似乎不再是一种超自然不可企及的空中楼阁,而是作为同自然与生俱来的人生取向。如今,文化不再仅仅表现为一种永不完美的作品,而是作为一种在特定时间里令人幸福的工作。如此一来,宗教根本上就是那种使生命长久成为可能的东西,因而它生存在每一个人的内心深处,即

---

① 语出马克思的《黑格尔法哲学批判》。

使这个人还未有意识：某一个人活着，即证明宗教存在于他的内心。宗教是对于前述那个问题的回答：我们为什么生存，就因为我们必须死亡？

然而，如果无产阶级中间没有充分意识到，他们本身实际上就是为其信奉的宗教而生存，那么这不仅会适得其反地导致极度的贫困从而不可能做到前述那种"无论如何都要肯定生命"的最终突破，相反，还会导致外在的贫困对于内心的危机——原罪意识和拯救需要无从表达，这种内心危机就是过去和现在始终影响劳动者倾向于宗教的最有影响的心理因素。若说对某一阶层社会成员的原罪，其大莫过于对无产者，无产者对于强有力的社会原罪无能为力，即使是感觉那种自身的、同人类与生俱来的原罪性，他们也根本不会有罪过感，而只是他人过错的牺牲者，他们觉得有权利去对不公正进行斗争，而不是屈从于宽容仁慈。宗教的时刻只是在不公正和贫困予以消除、通往自身灵魂之路对无产者也畅通无阻时方才发生。

但是，假若人们想为较深层的宗教特性与真正的社会主义之间的一致性寻找一个关键证人，那么我们不妨以一个既有的美丽的生命模式为例，即麦克唐纳（Macdonald）① 给其已亡故的妻子玛格丽特·埃特尔·麦克唐纳（Margaret Ethel Macdonald）的献词，他说："她的生命就是基督教仪式的一个唯一行为，这个仪式只有在这种

---

① 即詹姆斯·麦克唐纳（James Ramsay Macdonald, 1866—1937），英国新教社会主义者和哲学家。1896 年同玛格丽特·埃特尔·格莱德斯通（Magaret Ethel Gladstone, 1870—1911）结婚。1906 年在劳动代表委员的基础上参与缔造了劳动党，并担该党第一任书记（1906—1918）。1922 年起成为众议院成员，1924 年 1 月到 11 月任首届劳动党政府总理。1929 年重新担任此职。1931 年在世界经济危机中组成民族联合政府，1935 年因视力日渐衰退而离职。1937 年在前往南美的途中去世。

行为离开个体的宗教,并且通过社会主义踏上人性的伟大赎罪之途时,才成长为它最终的伟大。'我的社会主义完全生长于我的宗教',这是她的日记最后记录的一句话。"在另一些段落:"敬畏,她就生活在敬畏之中,长年以来总是愈发庄严肃穆,当然,如果有了这种庄严肃穆的气氛,敬畏就从没有阴郁凄凉过。她的确曾是乐观主义的最为阳光灿烂的人,但又一直有其喜悦欢乐的焦虑。"这种欢乐喜悦的、形而上的无忧无虑,此中秘密的焦虑及其背景中的深深欢悦——对于我们所说的这种宗教性,人们不可能再找出更美好的词语予以表达。

人们还想要其他关键证人吗?我认识一位女士,一个性格鲜明的女战士,她在经年之久的铁窗之下写信给她的女友说:

"您在给我的明信片上问:'为什么一切竟然如此?'您真孩子气,生活从来就是如此,所有的一切都归于:烦恼、别离、渴望。人们必须接受生活的一切,并去发现所有美的、善的东西。至少我是如此做的。这不是通过挖空心思的聪明智慧,而是简单地出于我的本性。倘若我确实能够将我的生活观告知于您的话,我本能地觉得,唯一正确的方式是接受生活,并且因此在任何情况下都感到幸福。我不想错过我生命中任何美好的东西,而且也没有想过获得比过去和现在所拥有的更多。"

在另一封信中,这位女士说:

"事情是多么地奇怪,我经常是生活在一种欢悦的欣喜当中却没有任何特别的理由。因为我使自己静静独处,置身于冬季那幽暗、无聊和不自由的多重黑色帐幔之中——而此时却有一种不可名状的、不知由何而生的内心喜悦敲击着我的心脏,就像是我在明媚灿烂的阳光之下走过鲜花盛开的草地一样。我在黑暗中对生活微笑,恰像我知晓她每个富有魔力的秘密一样,她证明了所有邪恶和悲哀都是谎言,并且将其改变成为更纯净的光明和幸福。在此,我自己也寻求着这种欢愉的理由但却毫无所获,最终又不得不重新嘲笑我自己。我认为,这种秘密不外是生活本身。此时此刻我想念您,而且非常想告知您这个魔底(Zauberschlüssel),您可以因此始终并在任何情况下都能获得生活的美好和欢乐,于是您也能在欣喜中生活,就像是穿行于五彩绚丽的草地。我并不是想让您用禁欲主义和幻想出来的欢乐来自欺欺人。我将欣慰地看到您所有真实的精神欢悦。我想要您身穿着一件星光闪烁的大氅经历人生,这件大氅可以保护您免遭所有狭隘、庸俗和恐惧之害。"

写这封信的人叫作罗莎·卢森堡(Rosa Luxemburg)[①],她所说的那个魔底和星光闪烁的大氅不外就是我们所说的宗教。不过,"上帝"还有"彼岸"却不是宗教,而是神学,而且常常不是好的神学。

---

[①] 罗莎·卢森堡(Rosa Luxemburg,1871—1919),波兰裔德国革命理论家,德国社会民主党激进左翼领导人之一,是波兰和德国的社会民主党的奠基人之一。第一次世界大战爆发以后,她和李卜克内西等组成反战的斯巴达克联盟,主张通过革命取得政权、结束战争。1919年1月5日与李卜克内西遭军队暗杀。

# 社会民主与国家①

党员同志们！目前，在我们整个党内存在一种悲观主义，亦即宿命主义的倾向，是的，在某种程度上这是一种怀疑和屈服的倾向。人们总是听到这样的问题：1918年以来究竟有什么不同？对这个问题，我已经习惯给予一个非常简单的回答。我们自认为自己是社会民主党人。但社会主义的纲领依然如故而且继续作为我们的目标存在：去实现民主，即共和。这就是说，我们的纲领的一半自1918年以来是在实践中。我非常清楚，人们在此要提出的不同意见是什么。人们可以说，这个民主实际上已不再是真的民主。只要没有经济实力和社会力量的平等，单纯的平等就没有什么意义。这个民主不是真实的，只是形式上的。但是这种国家形态毕竟是实现了，在这种国家形态中，即使是社会主义的共同体组织也将会适应。为此目的，我们的党现在也因时代的要求而完成一个转变。取代打碎国家机器的这个旧公式而出现的新的公式是：保卫共和。

在反对党看来，我们现在变成了一个执政党。我们以前反对的，现在却加以赞同。在这种转变的影响下，我们现在对我们的纲

---

① 此文是1923年11月24日或25日在社会民主党基尔第二分区代表大会上的讲话，发表在11月26日的石勒苏益格-荷尔斯泰因州的《人民报》上（Schleswig-Holsteinische Volkszeitung, SVZ）。

领进行了很大程度上的调整。如今的《格尔利茨纲领》就是在《爱尔福特纲领》基础上调整的结果。①

假若过去我们的社会主义纲领有相当一部分基本上不过是一个反对党的自由主义纲领,即取向于国家权力的限制,以使我们在这个国家中能看到我们的敌手,并且与之进行斗争,那么如今它却不再适用于一个我们共同统治的国家。弗里德里希·瑙曼曾经用两句话来描述政治自由:国家就是我们大家,但国家却不能是一切。② 政治自由的本质是双重的:参与国家管理和从国家那里获取自由。一个反对党将始终运动于两个分叉的方向上:尽可能多地从国家那里获取自由,而国家却是自由的敌人。我们现在已经变成了执政党,而一个执政党的运动方向却是对国家的参与、对国家的共同统治,不是走向对国家的限制,而是走向对国家权力的参与。

过去我们党内在独立性和多数社会主义者之间相当程度上的对立,是基于独立性的主张者在许多方面还没有充分摆脱与国家对立的思想,仍然是想对国家进行限制,而这个国家在此期间却毕竟已经变成我们自己的国家了。

但是,我们在一般意义上肯定国家还是不够的。我们必须还要

---

① 此处原文是斜体,本篇以下亦同。

② 这段引文是否一字不差未能证实。在瑙曼1919年发表的《政治义务》一文中可以发现一个相近的句子:"民主是每个国家公民对于国家意义的知识。为此你们说:我们就是国家,你们理解到了已经消逝的十九世纪所有政治运动的核心,并且使你们因而作为将来国家构造的同志人群的一个组成部分。"参见瑙曼的《政治文论》,特奥多尔·席德尔(Theodor Schieder)主编,第5卷《日常政治文集》(*Schriften Zur Tagespolitik*),阿尔弗雷德·米拉茨(Alfred Mülatz)编,科隆/奥普拉登,1964年,第735—739页。

肯定这种新的国家的影响。每一个国家都在双重方向上发生作用：对内作为权威（Autorität），对外作为民族象征（Nationale）。一个伟大的历史学家和历史哲学家雅各布·布尔克哈特[①]曾经说过："所有权力归根到底都是罪恶"。[②]这种对于权力卑鄙无耻的感觉，对于权力运用的反感，至今仍然存在于许多党员同志之中。正是在这种关联上，我想就我们的立场对我们共和国的敌人们说一句话。我对右倾极端主义者们无话可说，因为他们总是有一些较为狂妄和暴力的举动。我们对此的立场十分清楚，不过我想在另一个场合对此加以说明。对于我们这些以保卫共和为使命的人来说，共产主义者不外乎就是这样一些人，他们想要用机关枪和手榴弹来毁灭共和，他们以为用野蛮的手段就能解决社会问题，他们是在同样既缺乏良知又愚昧无知的民众领袖领导下的一些被迷惑了的群众。然而，如果一旦形成力量对力量（Macht gegen Macht）对峙，那么我们党内的同志们中间就将会有太多相对于共产主义者而言变得软弱的人。也许你并不认为我在此这样说是要为共产主义的戒条予以合理化说明。我谴责现今这种共产主义戒条出于两个理由：一方面是因为它的军事暴力出发点是出自于一种理念，它不仅仅要与共产主义相对立，而且根本还是要与社会主义的劳工运动相对立。我们已经非

---

[①] 雅各布·布尔克哈特（Jakob Burckhardt, 1818—1897），瑞士文化史学家，其1860年发表的《意大利文艺复兴的文化》（*Die Kultur der Renaissance in Italien, Ein Versuch*）至今仍是文化史学的经典之作和历史著述的必须之作。

[②] 布尔克哈特在其《世界史思考》（*Weltgeschichtliche Betractungen*）中三次提及"罪恶权力"（böse Macht），此书是在其逝世八年后由其侄子编辑出版的。参见《世界史思考》，雅各布·厄利（Jakob Oeri）主编，斯图尔特，1921年第4版。

常多地看到过,现在又在萨克森和图林根(Sachsen und Thüringen)看到,① 军事暴力并不能够在我们与共产主义者之间划出一条界线。但是我却不能说对共产党的禁令是公平的,因为这是对一个党派的禁令,在做出这样一种禁令时,在此我们必须要想想,当泽韦林同志② 禁止了,即使是现在仍然还是被禁止的德意志人民自由党时,我们自己也没有反抗过。但是另一方面,针对公开的、毫不遮掩的武装起义准备而先发制人也是不能缺少的。这种武装起义的准备究竟在多大程度上可以成事,对此,为官之人是知道的,就像我为官之时曾经做过的一样。对于我们来说,针对阶级同志心安理得地使用力量,当然很难做到。

在共产主义运动中,"群众的缺乏理性"(Unverstand der Massen)以新的形态表现出来,而对此无知性,我们必须要以所有形式予以斗争。为此,我们不是要在消极防范过程中予

---

① 1923年10月23日,由于对蔡格纳(Zeigner, SPD)领导的萨克森州地方政府对于国家权力的抵制,时任德国总统的艾伯特发布一个法令,使军事化"国家行政"(Reichsexekution)成为可能。

埃利希·蔡格纳(Erich Zeigener, 1868—1949),政治家,1919年起为社会民主党党员,1921—1923年萨克森州司法部长,1923年被选为萨克森州州长。曾于1923年建议通过"无产者百年展"来宣传保卫共和。由于他推行的政策,使得军队和政府之间的矛盾冲突不断加剧。解职之后曾因被动受贿罪被判入狱三年,出狱后在大学任教。

② 此处泽韦林同志指卡尔·泽韦林(Carl Severing, 1875—1952),钳工和政治家。1919—1933年间曾为社会民主党普鲁士州议会议员,1907—1912曾为帝国议会议员,1919—1933年间曾三次担任普鲁士内政部部长,第三届任期未满时即因"普鲁士打击"(Preussenschlag)而离任。1928—1930年还曾任帝国内政部长,1946年还一度任北威州议会议员。1923年3月21日,时任内政部长的泽韦林下令在普鲁士国家区域内禁止人民自由党。

以推动，而是要为了向进攻性防范过渡，即向一种说教的进攻过渡。

在我看来，近些年来我们党内较为危险的一种倾向是，我们群众的马克思主义彻底教育大为倒退。人民群众对传统的马克思主义了解得太少，而我们对于传统的马克思主义也太少维护，这样一来，我们就难免缺少针对共产主义的论争。所以，人们在企业和大会中总是不能较好地同共产主义者分庭抗礼，尽管所要阐释的其实如此简单，其实就是社会主义不能够用手榴弹和机关枪去实现，这实际就是这个世界上的非马克思主义。但是如果人们相信，与共产主义的斗争能够通过对立，通过退让迁就，通过部分地满足其要求就可以实现，那就大错特错了。所有的政治经验表明，一个党派越是与另一个党派关联密切，就越是必须要划出与其不同的更明确的分离线，否则，这个与另一个党派没有分离线的党派就会成为这另一个党派的开路先锋，就会失去其群众而使之归向该另外一个党派。因为他们由于对这另外一个党派一味退让迁就而将其自己的群众置于困惑迷乱之中。假若我们，亦即新的国家权威要用自己的力量反对右倾激进主义和共产主义，那么共产主义者们知道的最清楚，为什么他们要反对我们这个邻党（Nachbarpartei），为什么要针对我们，而不是针对资产阶级党派做最坚决的斗争。

总之，一方面我们必须要有对国家权威（Autoritat des Staates）的另一种态度，另一方面，我们也需要对民族国家思想（Gedenken der Nation）的另一种立场。在旧的国家中，人们总是想沉湎于这样一种想法，即整个人类只能分裂成两个民众群体：剥削者和被压迫者,即劳动者和非劳动者。今天,我们不再是像我们的敌人所说的那样,是"没有祖国的家伙"(vaterlandslosen gesellen),劳动者没有祖国这句存有误解的话不再适用了。①

在我们参与的民主中,人类不只分划成阶级,而且还分成民族是显而易见的。我们是国际的,但又是德意志的社会主义者。因此,这种国际的是由各个民族的集合而成,一种强烈的国际主义立场与同样强烈的民族主义立场很少相抵触。

对于我们来说,要找一个词表明1914年以来在我们身上业已发生的一种不言而喻的变化确实不那么容易。出于反对滥用和使用词汇的一种美丽和高贵的贞洁,我们有些惧怕对于民族的那种强烈和热情的信奉。在卡尔·布勒格尔(Karl Broeger)②的一句不朽诗句中,这种感情和思想得到了表达,就像德意志的名字总是蕴藏在我们的内心,但又很难启齿而出一样。如今,我们可以而且必须用一种强烈和热情的表达来说民族这个词,就如同我们过去确实能够如此一样。我们必须这样做不仅仅是因为事情本身要如此,而且

---

① 这是马克思和恩格斯在《共产党宣言》中所说的一句非常著名的话:"劳动者没有祖国。人们不能从他们那里剥夺他们本来没有的东西。"参见马克思、恩格斯:《共产党宣言》,载《马克思恩格斯文选》,第1卷,人民出版社1958年版。

② 卡尔·布勒格尔(Karl Bröger, 1886—1944),德国作家和编辑,曾参加第一次世界大战,严重受伤,1921—1924曾是《青年社会主义简报》(Jungsozialistische Blaetter)的主编,"黑红金帝国旗帜"(Reichsbanner Schwarz-Rot-Gold)成员及弗兰肯区的领导人,1933年在达绍(Dachau)被关押五个月之久。这里提及的诗即《信奉》(Bekenntnis),发表于1915年初的《质朴主义》(Simplicissmus)上,是战时流传最为广泛的诗句:"我们自始就知道对你有一种深爱,但却从未将它用一个名称说出,当我们听到呼唤,你就引领我们勇猛向前,我们虽未将你挂在嘴边,但你却在我们的内心深处永远,这个字就是,德意志。……你的美妙壮丽,却又表明你最大的危险,你最穷的儿子也是你最可信赖的战士,啊,看吧,德意志!"

还由于在我们青年一代这里的要产生宣传作用的缘故。不仅仅是在有知识的青年这里,如果我们行政管理的民主将来不是一个短暂的阶段,那么我们就必不可少地需要他们,而且还要在我们自己的青年这里,要在他们当中促成一种对民族的强烈和热烈的倾向。对于我们的战争政策,我们可以不再像对那些我们害怕谈起的东西那样避而不谈。我承认,尽管我知道找不到一个普遍的赞同意见,但我认为战争时期我们的政策仍是正确的,虽然战争失败了。而且,我请求当时在前线每一个为沙伊德曼①的讲话而激动跳跃的党员同志们去回想一下,而不是像一个人不再愿意回首思考和谈论的错误。我在此还要补充另一些话:我还认为鲁尔起义并不完全是错误的。②

我认为我们共同参与了鲁尔起义是正确的,尽管它由于承担这次起义的社会各界没有及时地予以理解,以至于中断了他们的支持而最后失败。

在民众中间也存在一些荣誉和自我强调的需求,即使是那些长期不能够自我辩护的人们。产生于这样一种自我强调的民族尊重,

---

① 菲利普·沙伊德曼(又译谢德曼)(Philipp Scheidemann, 1865—1939),德国政治家。1903—1918年任社会民主党议员,1919—1933年任帝国议会和国民议会议员,1918年任人民委托人(Volksbeauftragter),1919年2—6月任帝国宰相,1920—1925年任卡塞尔(Kassel)市市长。1918年11月9日在国会大厦阳台上宣布德意志共和国诞生的人正是沙伊德曼,1933年,他不得不逃离德国到了丹麦的哥本哈根,并在那里一直到死。

② 鲁尔起义(又译鲁尔斗争):1922年,在当时德国对协约国的战争赔款迟迟未能偿还的情况下,法国和比利时联军在1923年元月9日占领了鲁尔地区。德国政府对此占领的反应是支付战争赔款,而鲁尔地区的民众则做出了消极抵抗的反应,即首先是工人罢工,部分人还进行了积极的阴谋破坏活动。鲁尔抵抗在1923年9月26日被施特雷泽曼政府中止,因为受到通货膨胀削弱的德国已处在其财政上的最后关头。

绝不是空洞的警示，而是某些绝对的真实。

从对于权威和民族国家的这种立场出发，产生了我们对于新国家的主要权力机构，即国防军（Reichswehr）的态度，而且在此我回忆起党在过去一些年里所犯过的最严重的错误。在反军国主义口号的影响下，国防军建立之初，当时的工人群体与之保持着疏远。我对当时在这间房子中发生的讨论记得还很清楚，当时的《人民报》（Volks-Zeitung）刊登了一则参加国防军的广告，人们几乎将其视作一种背叛而对其进行了严厉的批判。现在我们看到了这样的结果，即一个在萨克森和图林根所作所为如同在敌对国家一样的国防军。而对此我们能够有什么作为？从这个角度出发，也要给黑色国防军一句话。① 这句话不是黑色国防军根本已经存在是令人担忧的，而是我们没有参与其中，是他们被掌握在右倾机会主义者手中，而且已经构成对共和国的一种危险。

我所描绘的新的国家观念的实现者是社会主义政治家。社会主义政治家的形象不同于我们已经习惯了的社会主义党派领袖的形象。

党派政治家必须要对自己的党派意识形态有不可动摇的信念，不然他就是一个江湖骗子，一个蛊惑人心者，一个欺世盗名之徒（Volksbetrüger）。而政治家则必须要有一些不同凡响之处，除了对自己党派意识形态的坚定信念外，他还必须有这种可能性，即每时

---

① 1919—1924年的"黑色国防军"（Schwarze Reichswehr），是一个很难理解的，由秘密的自助团体、教育信息或劳动指挥部（Arbeitskommandos）等构成的混合物。当时，战后的《凡尔赛和约》规定德国军队人数不得超过一百万人，为了规避这种规定，人们便采用这种形式来合法地补充国防军。

每刻都能通过经验汲取教训(调整方向)。

政治家还必须要有这样的能力,如果是国家意识的要求,那么他可以将一项原则置之脑后而不顾。因此,人们说到那些著名的政治家时总是这样说,就像瓦伦斯坦在其兵营中所说的:任何人都不知道他到底相信什么![①] 于是,伟大的政治家总是自己这样说:你们惹自己生气而大家对我生气!这个伟大的政治家不是像劳埃德·乔治(Lloyd George)[②] 那样的原则人(Prinzipienmensch),而是一种列宁方式的以大风格出现的小机会主义者。我认为列宁是最伟大的,作为共产主义者,他在时机尚未成熟之时,以共产主义的信念来建设俄国,想在短短的时间里急速改变船只航向,朝着一个新的经济政策过渡。而且他还想将他的党引向这种完全违背原则去创新的服从状态。政治家不被原则所羁绊,更少为舆论选票所羁绊。有这样一句话,它近些年来几乎已经变成了一种危险,这就是最新德语的情态形容词:"不可承受的"(untragbar)。这意味着,固然它是理智的和应该的,但是我们却不能去做,因为我们害怕会在群众中引发一些看法。对于一个伟大的政治家来说,理智的也就是可以承受的。歌德总是一次次地谈论一种"勇敢的专制"的必要

---

① 出自席勒的《瓦伦斯坦的兵营》第八幕。这里讲的是在对瓦伦斯坦所谓的"训斥性说教"中有这样的句子:就像那肢体,同样也是头颅!然而没有人知道,他究竟相信谁?

② 劳埃德·乔治(David Lloyd George, 1863—1945),英国政治家,作为自由党激进主义一翼的代表人,他于1906—1922年间成为英国政治的主流形象;1905—1908年任商务部长,1908—1915年国库大臣;1915—1916年为战争部长;1916—1922年成为自由保守党政府的首相。在《凡尔赛和约》中,他自始至终起到了缓和协约国对德意志帝国要求的作用。

性。① 假如我们更加明确地看看,作为舆论的这种巨大力量赢得了什么,那么我们就更容易理解为什么伟大的政治家从不屈服于舆论,反倒是自己构造他在群众中需要的舆论。在某种程度上,在民主和一个大的党派中,标语口号是不可缺少的,是的,就像在一个军队中不可缺少口令一样。不过,人们究竟不可以过高地估计这种标语口号。

这种口号只是对某些仅仅在一定条件下和一定时间里才具有的正当性所描述的简短的无条件的公式。所以,使用这个口号的人必须十分小心,而将口号付诸行动的人们更是永远不要舍弃批判,永远不要以为这类口号涉及原则,相反,它只涉及一些针对现实情况所概括总结出来的公式,此时此刻急切为之的事情,随后可能就不再必要。社会主义的政治家看上去就是这样。除了我们的社会主义党派政治家们以外,我们至今有两个具有伟大风格的社会主义政治家:其中一个是艾伯特,另外一个是泽韦林。党员同志们,我认为两大党组织忍心向艾伯特同志的委员会提出那样一个提案,是一个耻辱。② 这就是工人阶级的谢意吗?作为一个从近处看到过艾伯特所起的政治影响的人,我本人对艾伯特的信服坚定不移,尽管有萨克森事件。我请求同志们在萨克森这个问题上去好好想想,拒绝对一项国家总理(Reichskanzler)所要求的措施的签署实际意味

---

① 语出歌德《威廉·迈斯特的学习时代》:"一个国家的最大需要就是一种勇敢的专制,我们不应缺少这种专制。"
② 在1924年11月11日到14日在柏林举行的社会民主党党代表大会上,来自法兰克福的代表们提出了一个提案,鉴于根据艾伯特的命令针对萨克森而做出的国家判决,提议将艾伯特开除出党,不过该提案并没有被大会接受。

着双重结果，不是政府危机就是议会危机，也就是说，这里是平衡与平衡的对峙，而人们在此的确必须不去计较艾伯特同志的政治观点。这里的关键是，完全不去考虑激化了萨克森事件的个别中间事件。

我认为还有一件事也是一个耻辱，即柏林的党组织在蔡格纳和泽韦林两者之间的选举中，居然能够支持蔡格纳。

蔡格纳、泽韦林相对提名然而却选择了蔡格纳，这简直欠缺最起码的政治观！

对政治家的呼唤，对于党的领袖的呼唤，是的，对于独裁者的呼唤之所以搞得声势颇大，是因为人们在议会政治中，在议会制的危机中陷于困惑。这种议会制危机其实不过是误解的想象的危机，在德国，人们把这种想象理解为议会制。我想从两个方面说明这种误解：一方面是从党派的实质角度，这种实质自从一个新的党派形成后就没有发生过改变；另一方面是从党派与政府的关系角度。我想先从后一个方面谈起。议会制的政府并不意味着议会统治，而是意味着议会确定实施统治的领袖们，政府则在所有实质问题上予以遵从，直到它由于不信任投票被解散。

旨在造成一种大联合的《授权法》(*Ermächtigungsgesetz*)按照我们的理解是绝对必要的，[①]它使政府与议会之间过于固着的联系至少在一定时间里得到解脱，因为这种联系使得政府同议会紧紧地

---

① 1923年10月31日，德国国民议会以三分之二多数通过了《授权法》。该法的主要目的是给予政府在紧急和必要情况下，为实施社会和经济措施而偏离宪法规定的基本保障权利。该法的通过标志着议会立法向政府立法的过渡，但该法只是一个临时性的法律，它仅仅有五个月的生效实施时间，即到1924年3月31日即行废止。

拴在一起。像公务员裁减这样绝对必要的事情,如果没有这个《授权法》就根本不能去操作。假使公务员裁减要通过议会来进行,那么各种利益集团就会立即寻求对议会施加这样一种压力,以至于任何党派都不能实际进行这样一项工作。只有一个行事果断坚决,以至于这种压力根本未及形成就已经完成其行动的政府,才能进行公务员裁减。在我们这里,实行着已经超出常规的一种议会制,结果,不是总理寻找发现那些他认为可以与之合作的人,然后提交给议会并且问道,你们愿意给我们以信任吗?而是总理必须接受各个党派提名给他的那些人。在此情况下,永远也不可能产生一个同心协力的政府。我以为,这种按份参与的制度,直接导致我们政府极其糟糕的功能与效率。我还举出了另一个具有德国色彩的议会制缺陷的例子,这缺陷是党派实质本身就决定了的。在德国,为什么每一个政府的例子都提供了一部戏剧,这部戏剧的演出内容对在议会制方面有充分理解的外国政府来说,总是有些不理解之处,质言之,总是有些滑稽可笑?究其原因,并不在于我们党派的多样性,而是在于我们党派的僵化性。人们可以将党派的构成分成三类。我们可以首先演示一下在罗马传统国家中的这种制度,如在法国和意大利。在这些国家,党派的形成是完全流动不稳定的,它们可以围绕着任何一个领袖人物聚集组合,他们可以很容易地解散,说到底就只是一种处在一个颇有影响的人格领导下的同事关系。他们既没有保持一个固定的组织,也没有一个纲领,也就是说一个完整而不僵化的制度。在此,个别的党派领袖很快从其信任的人当中组成一个政府。与此制度相对的是英国和美国的半僵化制度。英国和美国的党派是固定的和很大的组织。不过这些组织没有我们所理解的那种固定的纲领，而是根据一次次选举的需要而产生交错变换的行动纲领。最后，与这种制度相对的是我们的党派制度，它完完全全是一种僵化的制度，它不只像英国和美国的党派那样有固定的组织，而且还受完全固定的纲领，亦即信仰信奉的拘束。我们的党派是信奉党派（Bekenntnisparteien），而且经常可以在其信仰信念的僵化中看到类似的宗教宗派。现在我们就可以理解了，为什么一个这样的信奉党派要和另一个党派达成一种妥协如此艰难。

对于信奉党派政治家来说，妥协是对其自身信念的背叛。于是乎，每一种联合都使信仰党派面对这样的问题：你想要背叛你自己的信仰吗？因此，这是我们在每一个具体情况下总是一次次首先要对联合思想做出决定时必须要面对的、十分艰难的问题。但是我信奉联合政治，甚至在大联合思想失败之后。我认为一个工人政府不仅是不可达到的东西，而且也从来不曾是可以企及的东西。

只要是还存在一个资本主义的国家，那么一个纯粹的工人政府一方面要被迫实行资本主义的政治，它最多只能把自己掩藏在一个漂亮的社会主义壁画之后，其结果，群众差不多完全丧失了信仰。只有联合政治才与既有的力量对比相适应。一个工人政府将意味着，一个阶级要自己独揽政治权力，而它却并不占有相应的经济和社会的力量。只有在一个联合政府中，资本家与工人之间的经济和社会力量划分才能在政治上得以表达，就如同它左右着我们的社会一样。人们不要以为，联合思想不管如何都违背了阶级斗争思想。阶级斗争也可以在谈判桌上进行。而我在此想说的是，假如没有谈判桌，人们就根本不可能进行这种斗争。在我们曾经有过那种小联合的时代，我们就看到过，经济上最为强有力的党派人民党与政府比肩而立。那时，政治和经济上的力量相互分离，就像是这两种力量彼此相互间发生作用，但又达不到共同作用，就像是一个总是要打碎或破坏另一个已经决定的事情。然而，当这两种力量，即人民党中体现出来的经济力量和在工人党中体现出来的依然固有的政治力量在某一个问题上遭遇，而人们使之共同发生作用时，却完全可以产生一个与社会主义力量对比关系相应的影响。我的立场观点是，大联合曾是我们政府的一个最正确的形式。如果这个联合破裂了，那是因为它太晚才出现，是因为当初我们参加联合政府时，我们所拥有的社会力量和政治力量太少，以至于我们不能在这个政府中强调自身。我们的非议会力量以何为基础？对于这个问题人们可以清楚地回答。一个工人党的力量有双重的基础：即以罢工和街头游行为基础。对我们来说，目前这两种力量的源泉都已经差不多枯竭。由于货币贬值，由于我们的国库空虚而引发罢工的可能性，由于共产主义者获得了走上街头游行示威的可能性，由于在共产主义者的领导下每一次走上街头都陷入血腥的结局，所以游行示威的可能性对我们来说也不复以往。这样，我们失去了最初的政治斗争手段，我们现在只能以较弱小的经济和社会力量参与大联合。此外还有一个结果，它过去和现在都削弱了我们的统治能力，这就是我们在政治上的分歧争执。我本人曾是这种分歧争执的狂热朋友和赞同者。我在基尔工会大厅中讲过的第一句话，就是关于各种独立性的团结一致的话。但是我却没有相信过，这种党派之间的一致性能够导致党派中的不团结，这种不团结在某种程度上曾经出现过，但却几乎没有长时间地持续过。我们必须从这种不团结的境况中走出。

但是，目前的结果是：大联合已经崩溃，究其原因，一方面在于市民的党派，更确切地说就是那些千方百计要将我们排挤出政府的、市民党派中的某些利益集团的代理人，他们把我们置于力量角逐之中，而我们又完全不具备从这种角逐中胜出的条件。起到决定性作用的这样一种力量角逐实际发生在萨克森州，这次角逐持续了八小时之久。另一方面在于大联合的瓦解，因为市民党派认为，按照其目前的情况，和像我们党这样一个党派一起根本无法实施统治。市民党派认为，对于一个党内对立变得如此强烈的党派来说，你根本无法对它期待一种稳定的政治。因此，大联合破裂的情形表面上看是我们退出了联合，但事实上是我们从大联合中被驱赶出来，于是我们不是这个危机的主体，而是其客体。现在，我还想就真实性和正义说句话。并不是施特雷泽曼将我们排挤出来。与迄今为止的总理施特雷泽曼的合作自始至终是绝对充满信任的。施特雷泽曼在破裂到来几天前的一次讲话中，没有用任何尖锐的语言针对我们党，而是出于他对政府的忠诚在大联合破裂之际表明了反对我们的立场。他是在公开的战场厮杀中寻找和发现其最终的政治结局，在他之前还未曾有过任何一个总理能够如此襟怀坦白。我认为，施特雷泽曼是韦尔特（Wirth）之外我们曾经拥有过的伟大的政治希望之一。我们可以因为大联合破裂而不相信施特雷泽曼或许为了我们而有所作为，但长久来看，施特雷泽曼会重新回来，就像韦尔特也要重新回来一样。那么现在我们应该如何呢？有两种可能性：其一是由我们共同和能够参与的联合，无论它是小的还是大联合。在这种共同参与中，我们至少可以将现在表明我们最强有力的东西，即我们委托人的数目放到力量的天平中。另一种可能性是领导和参与一个德意志民族的政府，一个我们要面对的法治政府（Rechtsregierung）。

党员同志们！在最近几周里人们有时候可以获得这样的印象，恰似我们党毫无保留地渴望这样一种法治政府。我的理解是，人们走出了朦胧的拂晓，重新走向了晴朗的天空，也就是说，人们可以重新回到一个清新愉悦的，是呀，回到如此令人心情舒畅的对立。如果这个讲话是要谈论这样一种法治政府，那么就会导致一种双重解释：一方面，人们说过，我们的反对立场将又一次有力和健康；另一方面，人们却又说过，魔笛不会吹得太长久了。我认为这两种认识都是不正确的，两者都基于同样的错误。

德意志爱国主义者们若是参与政府，那将不是单独参与，而是与既有的核心，即人民党，也许还和民主党人一起参与，在此情况下它就不会奉行它自己曾推荐的那种愚蠢疯狂的政策。其实，它也无须施行这样的政策。它将奉行的政策不是任性的德意志爱国主义的，或许也不是野蛮的反动的，因此面对这样的政策，我们就根本不能够采用所有议会制的手段来坚守一种基本的反对立场。

我们的反对立场由于某些特定的原因而被迫具有一种受抑制的特点，这些原因就是事实证明对于我们来说总是最糟糕的境地。因为一方面我们没有在政府中占有一席之地，而另一方面在此的确也是要以坚忍耐心的态度承担责任。我们必须清楚，我们在任何情况下都不能够回到先前的那种原则上的反对立场上去。我们的党太大，以至于我们不能这样。我们在任何情况下都要分担责任。

我也不相信这个法治政府只是昙花一现，并很快成为过眼云烟。因为这个法治政府绝对不会去做当初的民族主义者要求先前政府的那些事，即引发与法国的决裂。德国民族主义者的党派非常清楚如何在鼓动政治和统治政治之间区分什么样的事情我们不可以一味去做。该党派在想要接手这个政府的时候，已经将其鼓动政治予以冷却了。非常有趣的是赫格特（Hergt）议员非常保守的讲话。法治政府在强制运作的压力之下，根本没有可能推行与现在已经实施的政策实质上有所不同的其他政策。因为我们的政策确实在大的方面不是任意专断的政策，而是对内对外政策的强制运行。但是我们进入到这样一种状况，我们失去了所有的有利，但又必须继续承担负担共同责任的不利，而且渐渐地从我们能够发生实际影响的官场中被排挤出来，不仅如此，还被从对官场具有控制权的各州政府里扫地出门。出于这些考虑，我在国民会议上有关信任投票时，心情颇为沉重地投了不信任票。

我认为，在这场不仅是国家的，而且还是我们身处其中的党派的危机中，迫切地需要我们毫不迟疑保守地讲出真实。我相信，在目前这种情形下，只有三种条件才能帮助我们：出于领袖们的真实，来自群众的信赖，党员同志之间的一致。有了这三种力量，我们就会超越眼下的危局。

# 社会主义与当代的思想状况

假如社会主义理论的思想基础真的就像马克思主义表达的那样，即思想状况由经济状况来决定，那么如果不首先从社会主义及其与当代经济状况之间的关系出发，恐怕就无法谈论社会主义与当代的思想状况之间的关系。因此，我们首先必须意识到这是一种可怕的简单，简单得可怕的经济事实。对此事实，必须展开社会主义的批评。

如果技术的进步提高了生产率，则在一个理性安排的经济秩序下，其客观的结果就可能使通过减少劳动时间来给人民群众更丰富的供给。正是在这种控制性的经济秩序下，出现了一种相反的作用：技术的进步导致了生产过剩，生产过剩又导致了失业，而失业则又不仅仅意味着贫困，而且还意味着降低购买力，也就是说又一次加大了生产与购买力之间的落差，从而产生新的失业，加深贫困，购买力进一步回落。如此下去最后必然形成一种会产生诸多后果的循环效应，直到它在严重的社会震荡之后重新获得一个时间短暂的生产、需求和购买力之间的和谐。但是在此过程中，广大的民众注定又要在商店、储藏室和各种容器盛满货物的情况下遭受贫困。不是尽管，而是恰恰因为生产的这个经济秩序的另一个极端，生产过剩起着主导作用。一个完全无可怀疑的美国社会主义思想家甚至将这种经济简明地称之为"无计划世界":它是以一种最终是唯理性化的技术与一种彻头彻尾非唯理性经济相结合,是一种经济的无政府主义,它引发周期性的经济震荡,这种震荡无法预测估量,就像风和天气一样不可预测和估量——这是人类的杰作,但却是摆脱了人类引导和监视的杰作!。我们现已经历的迄今为止最大的经济危机,也让人们更加意识到资本主义经济秩序的荒谬,而它至今与社会主义毫无关联。差不多70%的选民在1930年9月的选举中承认了社会主义。即使是特定选举群体的所谓社会主义是有疑问的,但无疑也有反资本主义的倾向。这种反资本主义的倾向其实已经超越了每一个选民之外,这种被作为社会主义来表达的倾向,更进一步地接近中心领域。教会式的通讯《教皇四十年告谕》(*Quadragesimo anno*)针对资本主义有一句非常尖锐的话,就像人们至今只是从社会主义者那里听到过的一样。

一种社会秩序的衰落最确定无疑地表现为承载这个秩序的载体在观念上的混乱,而这种观念奠定了这种社会秩序基础。资本主义丢失了其良知。在资本主义社会,人们一直情绪高昂地大谈所有权的神圣,大谈个人利益的收获,而为了获得这种个人利益,也必然地要同时实现社会利益!甚至"资本"这个词也已经陷入不名誉的窘境,人们宁愿谈论"经济"这个词。从前说的资本家如今喜欢称作"经济领袖"(Wirtschaftsführer),并且由此来表达请求权和义务,不仅是要实现个人利益,而且还要去为民众服务,即成为国民经济的第一服务人——而不是其他的,诸如启蒙时代的专制主义统治者所炫耀的民众的第一服务人。不过,资本主义在此又把自身置于其社会主义对手的标准之下,这使得他想遭遇的恰是原先君主专制主义遭遇过的,即为了本来就是按照其自己的指示而发生的一切去做出这样一个结论——那种给定的共同利益经济若是一旦通过这些指示而被构造成一种实际上的共同经济,那就更好了。

资本主义的意识形态被理解为已经分化瓦解,其原因在于,资本主义通过它自身的发展使其越来越与其意识形态处于矛盾之中。人们为了说明资本主义经济的合理性曾经对个别企业家的积极性大加赞扬——但是资本主义经济的现实却以经济的去个人化向其表明了出于个别企业家之手不断向前过渡到所有方面的社会占有的那种官职化(Verbeamtung),这种官职化常常是更加强了对于社会主义的反对。经济领袖如今不再是个别企业家,而是那种总经理。如果这种经济领袖领导的企业从私人经济企业向共同经济企业发展的话,那么究竟应该是什么改变了经济管理的推动力呢?这就很难理解了。人们继续将资本主义建筑在不可把握的经济法则之上,在这种经济力量的自由放任思想基础之上——但是资本主义经济本身却越来越自我羁绊,它中断了竞争,规制了价格,它变成了被束缚的、一种不完全的计划经济,在这种计划经济的基础上,它同样仍然很难针对一种普遍的计划经济,针对社会主义寻求自身立场的论据。

不过,在资本主义的经济中,已经渗透着而且继续挤压进去发展中的社会主义。虽然我们对于社会主义知道得并不多,或者还没有思考很多,但我们实际上已经处于社会革命之中。现在的社会政策和劳动权利与处在资本主义经济秩序中的一部分社会主义究竟有何根本上的不同?它们与社会化的,但还不成其为整个经济支流的个别政策与权利,只是在所有经济支流中的特定企业家的权能和利润究竟有何不同？人们的确谈论着建基于私人所有权的社会抵押，但是抵押权人从经济上去考虑，已经是一种共同共有人；从法律上考虑，则在某种情况下可以获取整个所有权。这样一来，社会主义早就中断了，它只是一种予以请求的意识——它只是一种将来的现实。

但是发展中的社会主义经济也必须要在一种增长的社会主义思想中获得其表达，其结果是产生了那种出于马克思主义的社会主义的基本理论，这种理论采用了误解的，或者干脆说是情愿误解了的唯物主义历史观的名称。[①] 如果为了这种历史观的本质而去无休止地争论，那么恰恰证明了这样一种事实，即这种历史观有许多方面彼此相互间发生着对立冲突。它是一种蕴含丰富意义的思想产物，因为它是一种具有无穷无尽的多方面意义的、无穷无尽的丰富的思想产物。在这个思想产物中，十九世纪上半叶的哲学成果和下半叶的经验主义科学的成果得到相互结合，这个思想产物同时将科学理论、政治纲领和煽动性口号做到了无可比拟的统一。假如我们将这诸多方面套入一些公式，则唯物主义历史观同时是意识形态理论、必然性理论、阶级斗争理论。意识形态理论：因为它教我们将历史，特别是思想史作为经济发展的理想表达来理解。必然性理

---

① 这里涉及马克思和恩格斯在《共产党宣言》中阐发的历史唯物主义，相应的思想观点又可见于恩格斯的《费尔巴哈和古典哲学的终结》、马克思的《政治经济学批判序言》中对历史唯物主义的观念更具清晰的界定："人们在自己生活的社会生产中彼此间产生一定的、必然的、不以他们意志为转移的关系，即与他们当时物质生产力的一定发展程度相适应的关系，这些生产关系的总和就组成为社会的经济结构，即法律的、政治的上层建筑所赖以树立起来而且有一定的社会意识形态与其相适应的现实基础。物质生活的生产方式决定着社会生活、政治生活以及精神生活的一般过程。不是人们的意识决定人们的存在，恰恰相反，正是人们的社会存在决定着人们的意识。"

论：因为它强调，资本主义的经济发展必然不可避免地导致其自身的取缔和社会主义。而阶级斗争理论则在于：它表明了，历史的发展是在一系列的阶级斗争，即资产阶级和无产阶级在从资本主义到社会主义发展过程中的不断斗争中实现的。

教会我们认识到文化所具有的样式法则（Stilgesetz）其实是由经济所强加的意识形态理论，它已经证明是一种绝对富有成果的历史科学和社会科学研究的前提。不过，这种思想之父的愿望很可能就是观念之母，即利益的理论，同时也是一个非常有成效的政治斗争手段，是一种揭露政治斗争真相的技术，它教会我们认识理解隐藏在政治斗争狂热后面阶级敌人预先给定的理想，无论你是否意识得到，其实都是要获取不同的经济利益。另一方面，唯物主义历史观也教会我们，这样一种经济利益，在一心要服务于这种经济利益目时，就会不知不觉地，并非如其初衷那样成为适用于一种新的、社会主义经济秩序的思想源泉。从社会学的必然性来看，这种利益就成为特定观念的运载工具。所以，历史唯物主义证明了它最终还是作为一种理想主义的形式出现，某种程度上不是作为一种理想动机的主观理想主义，而是作为一种必胜意识的客观理想主义。在实践过程中，这种意识其实也强加着非常不理想的动机——正如黑格尔所说，"这就是我们要说的理性计谋（List der Vernunft），它使人们获得实现其理想的激情"。众所周知，马克思就是以此为出发点的。如此这般建立起来的必然性理论，目的在于把社会主义描述为一个不可阻挡的人类历史命运，这种使任何抵制都丧失信心、任何希望都展翅飞翔的命运，是使人们能够对于社会主义未来具有坚定信念的一种不可估量的力量源泉。但是，这种必然性是要通过自由的人类行动来实现的,所以在唯物主义历史观看来,它自然要与必胜意识的宿命论相联系,而这又需要时间。在这时间的长河中,社会主义是要经受令人诅咒地等待的,如果社会主义要求付诸行动,那么乐于行动的能动主义(Aktivismus)就是必要的了。具有这两种人们不应该将其相互对立予以运用的力量,马克思主义的历史观只不过是一种可以信赖的生活的临摹,在这个临摹中,命运和行动是不可分割地融合的。不过,马克思所呼吁那种能动论是阶级斗争的能动论。卡尔·马克思不是发现了阶级斗争理论,相反只是揭示了他所说的统治阶级实行的压迫和剥削。对他来说,只是给予被压迫和被剥削者们一种阶级意识,从而使之从单个个别的状态转而形成一个阶级,形成那种阶级斗争,即形成针对统治阶级进行阶级斗争的反抗。但是,社会主义的能动论消耗于阶级斗争的盲目的机械论中。它表现在卡尔·马克思那种独特风格所作的具体阐释中,在他那里,科学理论似乎以如此冷漠的语言安放下理想的炸药;在他那里,其科学理论以那种被激怒了的社会正义的咆哮狂热推到了广场之上,而且悄悄地被男人们那种病态的行为方式的感觉所负载。这是亨德里克·德·曼(Hendrik de Man)的功劳——不过是被假设为卡尔·马克思的对立面——从隐蔽的实在走出来,证明了马克思羞于讲大话和空话,羞于没有实际行动的令人陶醉的理想,重新阐明了对于社会主义行动、正义和人性的最终动力。但是,像唯物主义历史观这样具有如此多的棱面切割的理论能在长时间内保持着它的明亮度,就是因为它能够在每个时代都以新的辐射面照亮其他理论。

　　卡尔·马克思的必然性理论令人吃惊地得到了证实。我们看到,在这种彼此拘束的(gebundenen)经济中,资本主义辩证地否定着其自身的原则,我们看到每一次资本主义的自我否定都转向社会主义,我们现在要探寻一下与这个将来的社会主义经济状况相适应的思想状况。

在资本主义的早期,企业家仍然就像在自由竞争的波涛汹涌的大海中纵横遨游的勇敢海盗,在这样一望无际的大海中,企业家在个人主义的伦理理想中发现了与其经济状况相适应的表达,这种个人主义可以冠之以这样的名字:"个性"(Persönlichkeit),只要是仍旧还有许多实力不相上下的企业家彼此相互争斗,这种个人主义就会采用"超人"(Übermensch)的名字,就像是在无数小的企业之上不断地被抬举出诸多越来越大的猛犸象企业(Mammutunternehmungen)。① 相反,与将来的社会主义相适应的是共同体的理想。在社会主义中,集体主义这个社会事实成为其伦理的表达,而这个事实表明着无产者的根本遭遇。由于无产者阶级的思想形成从来没有被这样一种令人震撼的事实打下烙印,即他们从来没有单独存在,在劳动中、在家庭中、在他们的娱乐中都不是单独的。所以,这种共同体的文化也根本不能直接地被作为个别存在的无产者所享用。个别的无产者只能在其与之不可分离的归属群体变得高贵时,才将被变得高贵。无产阶级文化,发展中的社会主义文化,只能是一种群体文化,而高贵化了的群体我们则称之为共同体。但是,集体主义已经放弃了只去寻求无产阶级的经历。在现今这种彼此相互牵连的经济中,集体的拘束将毫不含糊地让每个

---

① 作者在此用以指大型企业。

人包括企业家意识到这种拘束。因此，当代文化最有标志性的特征是集体主义思想对于所有生活领域的突破渗透。我们可以在当今的艺术中看到，当一个时代的重心就是这个时代的诗歌时，那么这个时代固有的个性艺术是如何被这样一个时代所排斥，在这个时代中，最有价值的艺术成就属于建筑学，而这种建筑学从开始到终结都是共同体的建筑学。超越于科学，取代哲学和孤独思想家的自我认知而出现的是社会学的主导。在法律生活中，将是具有时代象征意义的个人主义思想方式被社会主义思想方式战胜。这种历史发展情形，就像许多其他历史发展情形一样，只可以点明，而不能具体阐明。

然而，那些马克思主义的对手们也是完全有道理的，他们在马克思的集体主义共同体思想后面嗅到了最终的个人主义思想的味道：《共产党宣言》毕竟是注入了完全的个人主义理想——"一个联合，在这个联合中，每个人的自由发展都是所有人自由发展的条件"。社会主义共同体思想将在每个和所有个别人那里获得终结，社会主义的集体主义思想事实上是集体的个人主义，即其自身接受了群体的事实并且将其加工改造了的个人主义。社会主义本身实际的确意识到了，将发端于自然法并且随着启蒙运动开始的个人主义思想路线以新的方式进一步予以延展，从而走向与超个人主义的和有机的现代文化模式的一种旗帜鲜明的对立。

与非唯理主义相对立，社会主义仍旧承认其是一种唯理主义的继续与发展。非唯理主义对于社会主义的意义只能在于，什么是它的名称所表达的，即非理性和反理性、蒙昧主义者的劳作，这种劳作本身就是按照智慧之石在浑水摸鱼。社会主义不相信什么信仰，但却相信冲动、本性、种族和领袖。社会主义相信理性,当然这种理性不是十八世纪那种自由摇摆的、只在头脑中的理性,而是像黑格尔那样相信客观事物中的理性,相信那种必然用于对抗意志和知识的非理性。

由于社会主义的最终实现只能是在世界经济的条件下才有可能,所以,与时代的表面潮流截然不同,社会主义不止一次地承认的国际主义,不是十八世纪的世界国家,因为在这个所谓的世界国家中,民族国家根本没有地位可言,而是不否认民族国家的国际主义,是接受民族国家并且像让·饶勒斯(Jean Jaurès)那美好语言所说的,即视"民族国家为人类竖琴上颤动的琴弦",并且为之构建穹顶的国际主义。[①]

最后,社会主义还对所有的文化悲观主义时代思潮展开了斗争。它没有以浪漫主义的渴望回首前资本主义经济状况下那种无可挽回的田园诗情境。它已经做好了准备,跨越所有资本主义经济的灾难。因为它知道,通向社会主义的道路不是回头向后,也不是绕过资本主义前行,而是在大路中间通过。经过十九世纪冷漠痛苦的现实意义,十八世纪那种热心于事业的乐观主义又一次在社会主义中获得了再生,而且几乎是独自地在其中获得了再生。

这种个人主义的、唯理性的、国际主义的和文化乐观主义的社会主义与一种被权威的、非唯理性、民族主义的和文化悲观主义所

---

① 语出饶勒斯 1913 年在耶拿发表的《新军》(*Die neue Armee*, Jena 1913)第十章:"社会和道德的驱动力——军队、祖国和无产阶级"。书中写道:"从今天起他们(无产阶级)就不再处身于祖国之外,因为他们能够在祖国战斗。他们站在自己的土地之上……因为新的人类只能是富有和充满生命活力的,如果每个民族的特征都能在普遍的和谐中长久存在,而且如果所有祖国都是人类竖琴上的琴弦。"——作者原注

左右的时代形成对立,这种对立导致了一种针对马克思主义而广泛蔓延开来的仇恨,之所以如此,就是因为它并不是简单地基于它的无知。对于这些不了解马克思主义但却憎恨它的人来说,或许是因为他的一句话,这句话包容着整个马克思主义,富有人性而意义深刻,并且被几乎是一种宗教的激情所充溢:"如果人是环境所塑造的,那么人们就必须构造一个人性的环境。"①

\* \* \*

**附蒂利希和亨德里克·德·曼与拉德布鲁赫的论争观点**②

保罗·蒂利希③:

> 我对拉德布鲁赫的论点整体上是赞同的,但对其下面的句子持有怀疑:"社会主义不相信有什么信仰、血统、种族和领袖。社会主义相信理性。"我的问题首先是,假使事情并没有表明,十八世纪用以追求理性思想基础的社会安全本身不再是理性的话,而某种程度上完全是其他一种什么东西,恰恰正是

---

① 语出弗里德里希·恩格斯、卡尔·马克思:《神圣家族,或对批判的批判所做的批判》(*Die heilige Familie oder Kritik der kritischen Kritik*)。——作者原注

② 以下是《拉德布鲁赫全集》中收录的有关蒂利希和德·曼与拉德布鲁赫对本篇有关问题的论争观点,现也依照该全集的原样录译于此。

③ 保尔·蒂利希(Paul Tillich, 1886—1965),德国清教神学家和哲学家,1924年起任马堡大学神学与哲学教授,1929年前往法兰克福大学任哲学和社会学教授,1933年2月被纳粹解除公职,此后移民去美国。1933—1955年间,先后在纽约、哈佛和芝加哥任教。蒂利希一生与文化学和神学有不解之缘。早在二十世纪二十年代他就已是宗教社会主义代表性理论家,作为《宗教社会主义通讯》杂志(1920—1927年)的共同参与者,积极从事社会民主党左翼的活动,1929年与他人共同创办了《新社会主义通讯》杂志。

人们所称作的信仰,那么,如果社会主义相信理性,那么它作为任何其他一种信仰者至少还有些微信仰吗?况且,假如拉德布鲁赫承认与十八世纪不同,并且受到了黑格尔的关于对客观理性的信仰的影响,那么其后就有了那种古老宗教的对于诱惑的信仰,这种诱惑尽管表面上看统统没有意义,但还是对于将世界史引向其目标具有充分意义。如果社会主义期待着未来的一种人类共同体,而在这个共同体中,每个人的自由发展都是其他所有人自由发展的条件,那么这句话就彻底摆脱了古老的人类信仰,即对于未来正义帝国的信仰,用宗教的话讲:"对于上帝统治的信仰",而这种统治是所有历史的目的。社会主义相信:它是我们这个时代强有力的,或许是最强有力的信仰。但是如果事情真是这样的话,那么对于社会主义来说,去掩盖这种情形恐怕无论对内对外都是非常危险的了。对外而言,它导致这样的结果,信仰力量,即本身就属于社会化主义的,如今却针对社会主义本身而发生,由于社会主义将个人主义和民族主义力量意志的魔力予以揭示,所以一种错误的和过度的斗争,一种社会主义不断要展开的斗争取代了必要的斗争,因为它似乎是忽略了人类和社会存在的较深层面,这是不必要的。而且,这是资产阶级的糟糕遗产,社会主义本可以非常容易地予以避免,甚至应该予以排斥。如今,宗教社会主义以及许多与其密切联系的社团流派正在这个方向上努力工作。这个努力的成果将对社会主义的思想和政治发展具有决定性的意义。倘若社会主义是为着人类的解放而作为,那么就应该寻求完全的,而不是寻求唯理性主义那种断章取义式的人类本性。

由此，我已经产生了第二个怀疑，即或许是针对拉德布鲁赫那句话而言。社会主义果真与本性、种族和领袖这些概念（人们还可以增加许多）完全没有什么关系吗？当然，针对如今这些概念在思想上被扭曲、政治上被滥用的情况，我们只能够采取果断坚决的防卫。不过，如果最初就没有什么意义的东西，其实是完全无以滥用的，那些概念亦然。而且，倘若社会主义满足于将这些概念作为中产阶级的、受到无产阶级命运威胁的纯粹意识形态予以揭示的话，那么它拒绝这些概念可能太容易了。这是正确和必要的，但却是不足够的。因为在这些话语中提出了到底什么是生命这样一个问题，对社会主义来说，这同样也是一个问题，即生命观念是否并非像社会主义从资产阶级思想方式那里所接受的，并不意味着一种缩略的表达（Verkürzung），不错，意味着有生命力的毁灭。即使人们严格地提防着每一种浪漫主义，社会主义也没有这样一种义务，起码去恭听尼采必然要说的话。不过，假如社会主义对于资产阶级社会的斗争确实也有像马克思展开的斗争一样有激情。由此，已经给社会主义提出了这样一种要求，即从完全不同的方向上去寻找这种斗争的共同根源，为了许许多多的团体和运动，特别是那些用尼采来和马克思争辩的青年团体和运动来拿起武器，并且通过这种方式为了对资产阶级的斗争而锻造自己的武器。

这就是我想要在此提及的质疑。此外，为了使我的怀疑格更有分量，我还可以说明那些社会构建中的社会学事实和变化，而它们已经超越了马克思预想的社会状况。但是除此之外，对于人和生命的问题仍然还保留着，这其实是一个基本的问题。因为只有在人类当中才会使人获得生命，这是决定性的因素，只要是存在人类社会和人类历史。

亨德里克·德·曼：

我将自己的问题限制在这个讨论的核心点上：即社会主义与唯理主义和非唯理主义的关系。因为我既不同意拉德布鲁赫的观点，也不同意蒂利希的观点。

我们这个时代的非唯理主义反对思潮并不能用"经济状况决定着思想状况"这样一个如此简单的公式予以解释。许多思想潮流，即使是在社会主义之外，都是对经济现实的反抗。现今的非唯理主义在许多方面是对经济唯理化、生活机械化的反驳。正因如此，非唯理主义同社会主义一样产生于差不多相似的思想渊源。就此而言，蒂利希是对的，因为他谈到了马克思和尼采的共同根源。然而事实是，这种非唯理主义的最后结果和作用却是反动的。由于它想从社会主义那里获取被社会主义赢得的民主自由，想通过民族主义的军事国家分裂社会主义赖以建设的经济上的世界联合，所以它在政治上是反动的。由于它的文化悲观主义想要追求封建主义和专制主义思想方式的复归，所以它在思想上也是反动的。它的理想属于以往。于是乎，由革命的感情产生出反动的思想。这怎样才是可能的？只要采用非唯理主义的手段即可；因为非唯理主义为其感情节省了思想方面的合理性。因此，它同样是反理性的和不道德的，因为它用理性中断了责任。我同意拉德布鲁赫的观点：社会主义可以不受这种模式的羁绊。相反，它在此必须通观全部并揭示实质，它必须向人们指出这种错误导向，即非唯理主义思想方式的愿望梦想就是逃避和蒙蔽的意识形态。因此，它们已经不是站立在理性面前，因为它们并没有认识到真正的原因，因为它们的结果与其企图是相矛盾的。完全就像马克思在上个世纪对于早期市民社会自由主义之浪漫之谜所揭示的一样，如今社会主义必须对晚期市民社会的反自由主义的浪漫之谜予以揭示：它必须从右倾的方面为既有的革命指明，作为"革命"她更多的是"右倾"的。即使它被作为革命加以考虑，实际上它也意味着一种新的反动形式。因为他对社会主义将来的恐惧甚至超过了它对资本主义现代的仇恨。这是典型的中间阶层的意识形态，他们感到资本主义会使其沦为无产者的威胁，而正因为如此，他们才拼命地拒绝无产阶级的社会主义。因而，他们走到了文化悲观主义，将其力量的失却与文化的衰落纠缠在一起。他们之所以逃跑到反理性中去，是因为他们认为其社会地位与社会秩序一同被理性的批判所动摇。

然而，我与拉德布鲁赫的不同之处在于，他认为，社会主义号召理性是可能的，就像号召十八、十九世纪的唯理主义一样。我们今天已经不满足于将人看作这样一种生物，为了实现社会主义，他只需要追求其正确理解的利益。如果社会主义，特别是马克思主义更早一些宣布与错误的唯理主义脱离干系，那么非唯理主义今天就可能没有这么多追随者，因为错误的唯理主义将理性与信仰、生命繁衍，总而言之，与本性的力量对立起来。今天的科学早已经将这些对立予以克服。社会主义理论的任务是要说明,社会主义不仅源自于道德信仰、法权感以及反对去人性化的生命本能的反抗的最深刻根源,还同样源自于理性对于真理认识的追求。因此,社会主义的理性信仰不单单是上个世纪唯理主义的进一步发展,而且还是对唯理主义曾经具有的表面性和片面性的一种克服。

由此可见,社会主义至少在此也像其他任何一种思潮一样产生于信仰。但是,社会主义同与之相对的思潮的区别在于,它的信仰不是奇迹信仰,而是现实信仰——一种在理性面前具有合理性的,因此又承担着真正责任的现实信仰。蒂利希和拉德布鲁赫之间解决问题方案的矛盾冲突在我来看原因在于:人们将理性与信仰或者精神与本性根本错误地予以对立。在此,并不适用非此即彼(Entweder-oder)的法则,相反,适用的是不仅-而且(Sowohl-als-auch)的法则。不过在此有着普遍适用的最高的法则:善与恶之间的法权,判断真实与不真实的理性。

## 拉德布鲁赫:

亲爱的朋友们,你们刚刚在那里提出了你们的反驳,而这正是我所期待的,的确,我想抛砖引玉,由此将我的阐释引向精辟准确。所以,我说社会主义是理性,不是信仰——除非这恰恰是对于理性的信仰。您,亲爱的蒂利希,回答说:那就是信仰,我或许是支持理性社会主义,或者我能用您的话说,是支持正义社会主义而否定信仰的最后一个人。我认为,唯理主义不是冰冷的知识的总和，而是人们谈论甚多的价值的总和，不是模糊沉闷的价值感的总和，而是像正义、自由、人性这些价值的总和，其唯理主义特征（我无法用其他方法表达）通过一种特别的神圣性和透明性、一种特别的渗透性用理智加以表明。即使是十八世纪的唯理主义，某种程度上也不是放置于冰上的思想，而是斗争的激情。但是，如果您，亲爱的德·曼，不想知道我们的社会主义世界观的唯理主义不仅仅是被认为是唯理主义启蒙思想的进一步发展，而且还是对后者片面性和表面性的一种克服的话，尤其是将其理解为只是出自对人类组合图画的理解和自私自利，那么我和您的意见是一致的。我们的唯理主义，它比十八世纪的唯理主义更加无限地接近生活，为了一度保持这个口号，承认欲望和本性是强有力的事实。但是，为了同非唯理主义时代思潮相区别，它并没有毫无批评地服从于这种力量的命令，相反，它要求时代思潮在理性面前的合理性，因为它想要用理性来实现自身扩张，想要理智地利用理性。我在此要强调（有这种危险），使马克思主义比其唯理主义的仇敌更加可恨的，恰恰是马克思主义的唯理主义特征，因为我将非唯理主义视作时代的严重病态，就像其可以认识到的结果一样：它表明着所有种类的力量意识形态。人们想要对他说，就像美菲斯托对浮士德所说：

> 理性和科学何足为训，
> 这哪是人类至高无上的力量；
> 闭上双眼且沉迷于魔法中吧，

谎言的精灵会给你更大的力量,
这样你必定就在我的股掌之中。①

我们确实理解:是歌德让这个魔鬼如此而言。因为年老的歌德不再像年轻的歌德那样讲:感情就是一切②。他对里梅尔说,他自己一直有一个愿望:自觉(Bewusstsein)。我认为,在歌德的这种唯理主义中,我们可以一并发现全部三个代表:报告人、反对者,我们自身。

---

① 杨武能所译《浮士德》作:"别理睬什么理性,休谈这是人类的最高权力;只管沉溺于奇幻迷人的魔法,让诳骗的精灵给你更多力量,这样我已无条件地将你驾驭。"参见《浮士德》,杨武能译,北京燕山出版社2000年第版,第85—86页。
② 语出歌德《浮士德》:"当你完全陶醉于这种感受,你就可以随心所欲地,称之为幸福!心!爱!神!对他我却无以明之!感情即是一切;名称不过是声响,是环绕日光的云影。"此段译文取自前注杨武能所译《浮士德》,第168页。

# 社会主义国家与革命的任务

## ——在汉堡青年大会上的讲话[①]

亲爱的女同志和男同志们!

年轻的社会主义者们是问题的制造者。我们每个人都有他的矛盾,起码有自身的问题。而且,由于回答是不同的,所以年轻的社会主义者作为一个整体本身就存着矛盾,也就有他们不能自己解决的问题。假使我们身上不存在这种矛盾,我们之间不存在这种对立,那么我们这些年轻社会主义者就完全是多余的了。我们确实不是什么政治斗争的队伍,这种队伍需要一个统一的思想观念,但是我们却是一个思想上的工作群体(Arbeitsgemeinschaft),它具有对社会主义中的对立予以自我思考和自我理解的目的。这里所说的对立当其只是同志式地和客观地予以澄清时,那么它就不会对我们的群体有任何损害。客观地,这意味着不带着事先已有的成见和想法,不是想要去说服其他人。同志式地,是说,我们各种不同的观点都是社会主义基本观的表达方式,而且即使是对立的观点也要具有这样一种推断,即它至少是真理的一部分,至少是一半儿的真理。

---

[①] 本文亦为考夫曼先生附荐之文,不在原书之内,但被收入考夫曼主编的《拉德布鲁赫全集》第12卷中。该文是拉德布鲁赫在1925年汉堡法律者大会上的讲话,载《青年社会主义通讯》(*Jungsozialistische Blätter*),1925年第4期,第290—295页。原文中有些文字考夫曼先生用底线特意标出,以示强调。译者在此均用着重号标出。

在这些对立之中，人们给我提出这样一个论题：社会主义国家和革命的任务。黑红金的旗帜和红色的旗帜怎样才能相安无事地同时迎风飘扬？我们怎样才能彼此兼顾地同时做到，一方面作为民主主义者必须对这个国家予以赞许，另一方面作为社会主义者又必须对这个国家予以否认？作为国际主义者，我们如何同时还认可民族？因为作为国际主义者，我们只在一个广泛包容、承担责任的范围内才认可民族，即我们所说的，没有民族社会主义的民族。在这个国家中，我们想怎样发现将来的民众共同体？因为这个国家毕竟是一个阶级国家（Klassenstaat），对于这个阶级国家必然要伴随着阶级斗争。或者说，我们要将所有对民族和民众共同体的希望让将来的社会主义来承担吗？

这个观念上的矛盾最终还是植根于民主的意识形态和社会学之间的对立。我们首先对民主的意识形态作些简要的阐释，这种意识形态已经在民主的国家理论中，在民主的宪法中，在与我们相对立的民主人类的意义上出现过。民主的意识形态的出发点是人民主权：国家权力来自于人民。人民是自由、平等、兄弟般国家公民的总和，是一个民众共同体、一个民族。当必须要做出选择的时候，就实行多数原则，当多种立场中的一种相对的考虑成为可能时（如在选举时），则实行比例原则。多数和少数一样，都是具有同等价值的个别选票的总和，后来抽取的出于完全自愿而产生的总和仅仅是偶然地平等的投票。通过这种选举产生的人民代议机关乃是全体人民中各种不同声音图像的缩影。每个议员都是总体人民的一个代表，他们不是受来自于人民的委托，而是受本身的良心拘束，他在投票时同样是自由和平等的，就像选举他的选民在选举时一样。人民代议机关是一个谈判和说服的工场,政府则是议会多数意志,从而也是人民多数意志的执行者,公务员群体则是一个机器部件,他们在没有自身意志的前提下,毫无阻力和抵制地去将政府所代表的多数人民意志转化为现实。

这就是民主的意识形态。但民主的社会学则提供了完全不同的,几乎是与之相对立的画面:没有一个由个别人构成的自由、平等、兄弟般的人民共同体,相反,只是一个由社会群体,即主导的和统治的社会群体建构的整体以及这些群体之间激烈的斗争,人民共同体只在稍大一些的历史时空内存在。与此相应,人民主权不是整个人民的主权,而是最强大的社会群体的统治。多数和少数不是自由、平等的个别选票的总和,而是每个社会群体预先确定的表达。选民们不是自由的单个人(Einzelmenschen),而是某种联合的成员,他们之间不是平等的,而是受到相当广泛的社会学的不平等性,亦即具有影响力和可能受到影响的多种多样的社会等级,受到恐吓、建议,通过街谈巷议和媒体所产生的影响,因而最终在相当程度上成为受金钱的影响。如此一来,多数不过是具有潜力的少数,人民代议机关不是全体人民的凹视镜(Hohlspiegelbild),而只是一个全体人民内部中非常自律的社会学意义上的构造,她不断地与人民的意向扩大距离,选举与人民的意愿越来越背道而驰。议员不是卢梭所说的那成为生动鲜活的共同体意志,[①] 而是一个多少独立的社会群体、政党、派别的样板;他们不是由于委托,而是实际由于心理而牢牢地受到其选民的拘束。在此,议会不是一个谈判与

---

[①] "共同体意志"(Gemeinwillen, volonté generale)一语首出卢梭,参见其《社会契约或国家法原则》(*Vom Gesellschaftsvertrag oder Grundsätze des Staatsrechts*, 1762)。

说服的场所，而是预定观点公开表达争论的场所，一个以强势赢得选举的场所。当政府是一个好政府时，它不是去表达多数意志，而是作为多数意志的创造者和领导者，政府为了其政策方针需要这种多数意志——在领袖的选举方面，的确是民主的国家形式具有主要的优点。公务员群体不是任何一个政府的、只知道用尽力气驯服负重的驮畜，而是一个最有自身意志的有机组织，它在最好的情况下，有必要和各种各样的不同政府共同合作，而且这些政府的政治方向经常是极端对立的。公务员们通过利益和本能，为了自身的一切需要迫使政府采取一条中间路线，并坚持在这个路线上去努力追求自身的目标。

可是，如果意识形态、民主的激情、平等的激情、热情以及所有人类面貌所带有的特征都是纯粹的臆想，都是纯粹的谎言，那么事情又当如何？如果民主不是一种真实的国家形态，而纯粹是一种公式化民主，故肯定要以一种绝对非民主的内容去迷惑人，那么又该如何？谁要是想拿出一个解决问题的答案，首先必须要在较之于民主而言，其意识形态与社会学乃处于最少矛盾的情况下给我们展示一种国家形式。如果有那么一种哲学，它既为年轻的社会主义追随者们所认可，虽然一方面激烈地对这种民主予以批判，但另一方面又不信奉另外一种国家形式，相反，还以"智者的统治"（Herrschaft der Weisen）①来安慰我们，那真是很惬意舒心的事情。但是，一种危险的错误在于，人们以为必须要努力寻求国家形式与社会状况的

---

① 提出"智者的统治"这个哲学命题的哲学家极有可能涉及尼采。尼采在《权力意志》第四编第一章第六节中写道："从未来统治者的培育与培养角度来看，作为未来立法者的最高级的人类就是人类的最难的、最高级的形象。然而，这种作为'智者'的人实际上是千载难逢。"

相互交织，从而要构造所谓的职业阶层的国家形式。职业阶层的想法因为有两个方面的不可能而必然搁浅。首先，从数量上去表达具体职业种类的不同社会地位及不同的社会意义是不可能的，其次，在每个职业种类内部用大概同等的手段去规定雇主与雇工之间的关系也是不可能的。而在多数雇工选票相对于少数雇主选票的民主关系情形下，将产生雇主与雇工之间的同等，这恰恰就是使职业阶层思想对于雇主阶层如此有价值的原因所在。

但是，那些以民主的社会学为起点，最后以民主的意识形态无价值性为终结的人，现在对意识形态的实质发生了困惑，他们忘记了意识形态本身就是一种社会学的因素，但又绝不是无所不能的：每种意识形态都有助于创造它所冒充为既已存在的东西。有谁真的仍然想在老的民主主义者中间到处炫耀社会的平等意识、民主的意识形态、市民骄傲（Bürgerstoltz），并将其作为同样有效却又毫无价值的东西予以解释，即使就是为了社会主义的发展？相反，这种社会平等意识是对仍然存在的经济上的不平等持久批判的培养基。在公式化民主中，一种不可抵御的重力始终起着决定性的作用，它将民主不断地引向一种现实的、社会的和经济的民主。而且，人民共同体，难道它在以往就不是确实想创造一个真正的人民共同体吗？在近现代史上，民族人民共同体（nationale Volksgemeinschaft）根本就是作为民主的成果诞生的。法国大革命的那支大军，即为了捍卫年轻的自由、平等和兄弟般关系而与欧洲保守势力斗争的军队，就是从他们开始，近现代民族意识获得了其起点。只有当民主的意识形态被认真接受时，民主才能生存和发生作用，才能扩展光大原本就造就其实质的作用。那种每个个别人都是自由和平等的虚构，无视所有包括并主宰每一个人的社会群体，通过民主的意识形态完全意味着这样一种真实，即国家与所有这些群体中的任何一个都没有认同。民主的这个巨大进步超越了对它来说已是以往的半封建国家，这种国家与一些社会群体、容克（Junkern）、军队、官僚等获得认同，并因此而强化其实力地位。与此相反，民主的实质在于，它使社会学上的社会群体构造、解体和重构成为可能，使之可以根据自身的法则发生作用，它意味着社会学本身固有规律性的自由设置。民主是一种国家形式，它不阻止任何权力的变换，每个人都可以用前所未闻的尖锐敏感立即提出其政治上的见解。它因此创造了一个用封建的表面力量再也不能掩盖的斗争场景，一个资本主义与社会主义之间的自由战场。民主是一种权力分散变换，它构成了社会主义的前提，至少不是对社会主义的阻碍，相反，它已经准备停当，立即建设其自身的国家形式——仅仅如此，其意义就已经远远大于以往的半封建国家。

但是，民主对于社会主义而言非但没有阻碍，而且还是促进吗？如果我们考虑到已经谈到的社会主义心理前提的铺垫，即在民主主义人中进行社会主义人的先期教育，那么我们就可以对此说是。但如果我们要是想通过以这样的口号，即"通过多数票到达社会主义"为标准的民主来理解社会主义的准备，那么我们就必须说不是。实际上，这种口号是对于政治力量的一种天真幼稚的误解。多数票和议会的影响并不是前提条件，而恰恰是社会和经济力量的作用。谁拥有金钱而且因此有了新闻媒体，谁拥有街道（wer die Strasse）[①]，谁

---

[①] 作者在此是指上街游行示威的群众。

在失业之际掌握就业机会，抑或在劳动力市场需求时拥有劳动力，谁就可以获取其所需的多数票。而且，假如一旦真的产生了一个多数票，但这个多数票却与议会外的力量关系对比不一致，那么这个多数票并不一定就意味着一种与议会议员数量相应的议会影响——我们对此已经有足够的经历。因为在议会中和在交易所中一样，价值并不是创造出来的，而是讨价还价确定的。议会估量的只是社会力量关系的政治市场价值。一个政党在议会外拥有多少力量，它在议会中就有多大影响。

除了为了选民选票而展开的政治斗争之外，为了争取更大的议会影响还必须不停地为了争取正确的社会和经济力量而进行斗争，这就是阶级斗争。强大的工会，强大的社会民主！强有力的企业工会委员会，强有力的社会民主！强有力的政党媒体宣传，强有力的社会民主！不过也可以说，强大的国家旗帜，强大的共和政党！作为最后一种权力手段，一个群众政党，就如同那种变化不定的政党一样，大可不必因为将其群众投放到政治斗争的天平之上而担惊受怕。有产者政党的主要斗争工具是新闻腐败（Pressekorruption），即为了他们的利益而收购和掌握数量越来越多的报纸。但是，当新闻腐败出现之后，在社会公众面前所呈现的社会力量关系就会越来越被改变和伪装，如此一来就到了这样一个时刻：一个群众政党有必要通过群众的行动，通过游行示威，重新恢复实际的力量对比关系。在某种程度上，这是一种危险的、只在极端例外的情况下才运用的，但却是无产阶级群众政党的最后手段。这是无产阶级群众政党针对其对手的斗争手段——新闻腐败所能施展的唯一手段。它虽然粗暴残酷，但其对手的斗争手段实际也毫不逊色。

现在让我来做一下概括。民主中的社会学与民主的意识形态具有天壤之别。与所有具有人类面孔的人都应该平等的意识形态相对存在的是阶级国家的社会学。但是，意识形态本身又是社会学的一个组成部分，它还不是一种真理，但它却是一种将成为真理的力量。因而，假如人们要想将民主思想同时也作为意识形态予以全面考察，那么就不得不将其令人信服地置于其中。其实，这个立场就是唯物主义历史观对我们所要求的立场，如果它就是对作为意识形态的经济活动的思想上层建筑予以揭示的话。认识不到这种思想的力量，我们就会南辕北辙，相去愈远。不仅如此，这个立场也是生活本来就要求我们的立场，从而使我们同时能够置身于自由和必然这两个王国之中。但他们的头脑是不同的，一个头脑是要获取意识形态的社会学批判，另一个更多的是要获取思想的力量。但前者与后者一样，都不应该封闭自己的视野，意识形态和社会学这两者必然地，而且只能是共同地才能成为一支完整的大军。

我们以承认一个没有完全克服的矛盾来结束。但是，这个矛盾不是青年社会主义者的矛盾，不是一个他们想要紧紧抱在胸前不肯放手的矛盾，对于青年社会主义者来说，这是他们乐意使之含混不清或者有意强加的不成熟的和谐。我们青年社会主义者就是问题的制造者——所以，我们就像人们对我们所说的那样，是党的令人担心的孩子。因为对于我们来说，我们没有任何独立性，我们把所有的独立性一次次地投入到熔炉当中，在我们内心深处有个充满问题的不安躁动的灵魂。但是，如果一个政党要想发生影响，那么它就需要完整和稳定；如果它要生存，那么它就需要那种永远不僵死的思想观念的运动性。一个政党必须要同时认识到，作为思想的共同体，它要能够使各种问题和对立合理化，而作为意志的共同体，他又要保持纪律和统一。

关于青年社会主义者和政党说了许多，现在还想就青年社会主义者和劳动青年说几句话。劳动青年以共同体为生，但共同体又需要许多个性——一个共同体只有在它拥有诸多个性的丰富和生命的活力时，才可能丰富并具有生命力。然而，共同体又消耗着许多个性：一个只有共同体生命的人，其生命很快会令人吃惊地耗尽消失，其思想和灵魂很快会可怕地枯竭空洞。我们越是在共同体中生活，就越是需要孤独静寂的时间；在此孤独静寂的时间里，我们的灵魂泉涌获得充盈。我们尤其不要忘记，认知的工作不是共同体生活，而是个人的奉献。在所有共同体生活中，我们必须要始终认识到，是什么使我们作为一个政党变得强大和坚强：年轻的劳动者在每天工余之后的傍晚，不妨将发热的头脑去屈从于社会主义的经典大家。我们青年社会主义者要向往的正是他们这些榜样。这样，我们就不再会认为青年社会主义者是党担心的孩子，相反，会认识到他们是我们党工作的多种机体构成中的一个必不可少的组成部分。

# 社会人民国家中的法权[1]

德意志专制国家有两个职业阶层作为其代言人：官僚阶层和法律者阶层。前者和后者一样，都不能在今天的社会人民国家中以其传统的形式被接受。两者都得以新的形态重新构建。

现有的法律者类型中有哪一种可以作为我们未来法律者类型的起点呢？大概肯定不是从事行政管理工作的法律者，即以前和现在的检察官、法官：他们过去正是专制国家在法律上的体现，是法律的实现者或在国家利益的局限范围内履行职责，在这两种情况下，他们都是一个专制意志的执行者，他以粗暴口吻对其臣民说话。但也不是律师：律师是个别人的权利的代表，是一个私人利益针对另外一个私人利益的代表；假如他是针对专制的职业人民陪审员，那么他或者是市民自由针对国家力量的代表，是专制国家中民主对抗的法律者的理想——但也正是因为如此，他们还不能成为民主国家的法律者类型。我们必须完全在国家司法的框架之外寻求发现这种法律者类型，例如在法律咨询人员那里，而且尤其要在那

---

[1] 此文也是考夫曼先生推荐之文，原书中没有。这是拉德布鲁赫在第一次世界大战之后所写的纪念德意志人民的文章。由祖国服务中心出版，载《新人民共同体之精神》，柏林，1919年，第72—83页。现已被收入《拉德布鲁赫全集》，第13卷，第59—66页。

种出于本身需要而自发兴起工人运动的法律者阶层当中：在工会秘书（Arbeitersekretären）中发现。这可能不是为了"天才的崛起"，而大概是出于法律者思想更新的利益，如果法律学习的大门是对这些工会秘书开放的话。

那么，我们在何处发现这种根本上是新的法律者阶层呢？律师，当其同时服务于双方时，他将有被处刑罚之虞；与此相反，法律咨询人员倒是乐意为当事人双方提供咨询，因为他不是当事人的代理人，是超越于当事人双方的——但问题是他以另一种方式重复扮演了法官的角色：他不是服务于法律规则、国家意志、某种抽象的思想，而是服务于当事人，服务于他所归属的那个社会阶级，进而整个社会。他的解决方案所体现的不是正义，而是在正义范围内的关怀救济。除了以国家利益为法权边界的管理法律者，以当事人利益为出发点的律师，仅仅为了法权的缘故而想要实现法权的法官以外，在此出现了一类法律者，他们要以法权服务于社会的目的：这就是社会法律者！这就是一种要由人民国家中的人们，同时也是由律师认知的，但是首先要指望由法官予以实践的法律职业观。

即使是法学，人们也要以这种思想予以发展创新：法权必须保持是法权，但法权对于律师与对于法官来说是不同的。如果人们用私人利益的眼光来看待法权，那么在根据法律引出的基本原则基础上对于法权的创造性扩建会获得另一种结果。但是，如果不具有任何目的关系，只是从某种国家命令的意志的角度看待法权，那情况就又不同了。至今为止，法学实质上就是在这种意义上发展的法学。它必定越来越向着社会法学的方向发展。

迄今为止，法权都是一种思想内容，它只想根据其自身的独断任意的法律获得扩张。作为一种特殊的和独立的理想,法权所要体现的正义与道德并行不悖。正义最初不过是平等或其实就是罪责(Schuld)和刑罚、损害和赔偿、给付与对待给付的一视同仁。特别是在刑法当中我们更容易看到报复正义(Gerechtigkeit der Vergeltung)是如何不断地通过社会保护的思想被加以抑制,如威慑、保障、教化:现今刑法的问题不是刑法在传统意义上是否正当,而是刑法在服务于它的社会任务时是否具有合目的性。与此相反,私法至今都处在以公平之秤(Wage)为尺度的传统正义主宰之下:不以"人的名望"(Ansehen der Person)在人与人之间作比较,而是权衡给付与被给付、损害与赔偿、劳动与报酬。即使是社会主义的公共劳动法,也坚持着"按劳取酬"(Lohn nach Leistung)这个形式正义的原则;只有共产主义才完全不再从那种可以计算的正义的角度去考虑工人劳动与收入之间的平衡,而是专门从福利的立场去考虑问题:"按需取用"(Unterhalt nach Bedürfnis)。① 但是,如今的公法在社会关怀的意义上已经对私法的形式正义做了很大修改:它保障着多方面的支持扶助,而不是考虑一种给付,仅仅根据需要作标准。耶稣曾以在葡萄园里工作的工人打比方,说明正义的意义就是每个劳动者都要知道按照其工作时间获取报酬,② 而劳动者在毫

---

① 以前多译为"按需分配"。此处译作"按需取用",一是因为从语言表达上更为直贴近原文,二是因为这种译法与"按劳取酬"这个译法更加对应。

② 这是出自《圣经·马太福音》第 20 章第 1—16 段的一个典故。讲的是天国里的一个人一大早出去招募工人,让其在自家的葡萄园里工作。不一会儿,他找到了第一个工人,与之约好一天的工钱是一个便士。就这样,他一个接着一个找工人,直到九个小时以后找到最后一个工人。他与所有的工人约定的工钱都是一个便士,第一个和最后一个没有区别。而且,他让人付给他们工钱的时候是从最后一个到第一个。因此便有了其中第 16 段所说的:"最后一个就是第一个,而第一名则是最后一个,因(接下页)

无过错的情况下失业,他在等待就业时所失去的时间,也同样要计算为工时。今天,考虑到失业救济,这第二种立场不仅是作为一种善意的立场,而且还被作为更高的、本来意义上的正义来看待——但当然不是那种传统的形式正义,而是一种新的正义,一种社会正义。法权对其独立性和自身规律性进一步地造成了损害,它容忍接受了善意,并且将其用于社会福利、道德伦理和文化——它变成了社会法权。

所以,假如将法权置于它或被推动或被阻碍的各种社会事实与它本应为之服务的价值的关联之中,那么一种社会的法学就破坏了法权自以为是的孤立。如今,没有深入的社会科学和社会哲学知识就不再有任何法学! 法学敌视哲学的世纪,"历史学派"的世纪现在终于结束了。[①] 恰恰是这个时代,因为历史的静止沉默或者只是

---

(接上页)为被呼唤的人很多,但被选到的则很少。"他之所以这样做的理由是,第一,每个人的工钱是一便士,这是事先约好的;第二,他将被招募的工人等待工作的时间也都计算为工时,以为这样才是公平的。

① 关于历史法学派国内已有许多介绍和相关资料。该学派出现于十九世纪初。它的思想观点与自然法学派尖锐对立,认为法权是历史发展的产物,它致力于推动法律渊源研究的严格方法,特别是对于古代罗马法和日耳曼法研究,从而自然而然地带来了法律史学的新生。历史法学派最有代表性的人物是卡尔·冯·萨维尼(Carl von Savigny, 1779—1861)、格奥尔格·弗里德里希·普赫塔(Georg Friedrich Puchta, 1798—1864)、卡尔·约瑟夫·安东·米特尔麦尔(Karl Joseph Anton Mittermaier, 1787—1867)、鲁道夫·冯·耶林(Rudolf von Ihering, 1818—1892)以及特奥多尔·蒙森(Theodor Mommsen, 1817—1903)。所谓历史主义,就是从历史条件与生成的角度考察所有文化现象,并否定其超时代的绝对意义。德国的历史主义当由利奥波德·兰克(Leopold Rankel, 1795—1886)创立,但其诞生的标志是十九世纪下半叶通过尼采对于历史科学的批判所完成的。他在其《不合时宜的思考》第二部分,即"历史学对于生活的好处与坏处"(Vom Nutzen und Nachteil der Historie für das Leben)中对此有比较代表性的讨论。尼采在此以"不是生活服务于历史,而是历史服务于生活"为题,针对黑格尔的历史主义进行了批判。

拖着沉重的脚步前行，所以它是为了那种"历史意义"牺牲的时代，而这种历史意义就在于要有意识地、彻底谦卑地领悟区分所有通过历史事实的创造。但是，在这崩溃与再生迭出，命运莫测多变的时代，在这历史的巅峰时代，人性却非历史地觉察到，它感到了要从那种令人恐惧的现实政治的历史主义(realpolitischer Historismus)走向一种激进政治(Radikalpolitik)，因为这种政治可以足够冷静地将这种传统一天天地从其根源上重新塑造。但是假如现实政治要将历史的事实视作对于从容而至的新生事物具有约束力的出发点的话，那么它就可能缺少一种基本理论，而我们这个时代的激进政治必然要把那种它不再予以承认的历史事实准则以一种理性的目标设定予以取代，没有理论就不可能认识实践，没有哲学就不可能认识政治。即使第二次世界革命时代，必然地同时就是一个"启蒙"的时代，一个哲学的时代。但是现在所做的，诸如于法学之外培育法哲学是不够的。这里有一个非同寻常的艰巨历史任务，即将法学本身的所有领域以哲学思考的方式去处理，例如将整个私法：私人所有权、合同自由和继承法或社会化等从哲学问题的角度去思考。

不仅是法学思想方面，而且还有法学学习的建设方面必须从根本上予以改造。今天的法律学习方式以三个原则为基础：(1)首先是学习，然后是实习(Vorbereitungsdienst)，[①]亦即首先是理论，然后是实践；首先是概念，然后是直观；(2)首先是罗马法，即过去的法律，然后是今天的法律；(3)首先是私法，然后是公法。这些原则

---

① 原文"Vorbereitungsdienst"可直译为"服务准备"或"服务准备"，虽然作者没有使用"实习"这个表达，但它实际上就是我们所说的"实习"。为中文读者理解方便，在此译作"实习"。

必须统统地倒转过来，特别是最后一项。将私法作为法律学习的起点和重心，是与这样一种国家观相适应的，它就像1789年《人和公民权利宣言》以一种不自觉地悖论所宣称的国家观一样，即一方面是为了人民中的最上层官员——王公贵族，同时又为了一种神圣化的、不可侵犯的法权，即所有权。它也与这样一种观念相适应，即指明君主的绝对皇权，从而使绝对资本因此而登上皇权的宝座，这与资本主义时代的观念极为接近。对于这样一种国家观，即将私法作为法律秩序的心室，将国家及其整个法权仅仅作为一种框架考虑，当然是完全地恰当的。但是，对于一个社会国家，情形则恰恰相反，公法占有优先地位。对社会国家而言，所有私法只是公法的一种暂时的、越来越狭小界定的飞地(Exklave)，是后者节省出来的给予个人活动自由(Bewegungsfreiheit)的活动空间，特别是私人所有权不是与生俱来的和不可侵犯的法权，而是一种可以由授予机构撤销的、受社会总体财富委托的财富，总体社会财富只是在这种个别财富持有人的个别利益和社会总体利益一致时，才赋予该持有人自由使用的权利。但是，将公法机械地置于私法学习之前同样是不够的，相反，应该使私法在所有的具体问题上都服从于公法的思想方法。

最后，谁想要将社会法律者放置在法官的位置上，那么现在各法律职业间的关系就必须要加以改变。年轻法律者的实务训练应特别地注重在律师事务所中进行，以使年轻法律者从诸多律师那里学会如何做一个律师。而法官的职务则只能通过辩护人律师这种途径才能获取，而且是作为对于选拔那些优秀律师的最高奖励。只有那些曾经做过律师的法官才能始终避免纯粹根据法律规范的冷酷权威,而不是从令人窒息的、围绕党派利益的角度考虑法律案件。一个从未参与党派的人,虽然可能置身于党派争议之外,但却永远不可能超越于斗争的党派之上。唯一的明智路径是通过激情,而且仅仅是那种引发敬畏的尊重,这不是那种对于竞技场上拳击比赛的着迷的单纯的尊重,而是个人的一种尊重,是在数十年党派之争中从未放弃而且从未怀疑的尊重。触及深层的法院组织法和司法程序法的改革,它与我们既按照罗马人的法律制度也不无益格鲁-撒克逊国家法律制度影响新建立的法官制度有不可避免的关联,故不属于我们在此探讨的范围。

不管怎样,人们或许会感到惊讶,在这篇短文中竟会涉及阐释法律教育的专业问题。但是,在人民国家中,它不再是一个专业问题。在专制国家中,法律与国家根据工作分工的方式只是特定的职业,人民国家则是在全民教育的基础上建设法律与国家,否则那就不是人民国家了。人民国家中的新法律者阶层,肩负着追求全民族法律知识与法律良知的任务。

一种不想以追寻正义为本职工作的法律科学,永远不会赢得其年轻追随者的心,更不用说是民众的灵魂了。然而,迄今为止哪里有这样的法学家,他们认识到了超越于国家专断意志的法权,但由于对实证法的盲目崇拜又未曾斥责过那些探寻法律正当性的问题是超出科学界限的、不被允许的自然法思想方式的冲动?对法权而言,这样一种与国家意志具有同等意义的实证主义,其实也是现实政治和权力国家时代合乎逻辑的法学现象。实证主义剥夺了所有庄严的、对于法律外行的良知具有说服力的法律思想。它制造了德意志民族法律意识和某些国家法律意识更深的裂隙,这些国家以

"人权"的形态保障了一种对所有实证法予以价值判断的一种超国家的标准,一种与自然法之间的具有生命力的关联。以往实证主义尤其不能允许那种超国家的法律秩序,这个自然法的头生婴儿,这个至今仍然属于自然法思想重要组成部分的思想,它也尤其不能容忍国际法得到应有的尊重。德意志国家在某种程度上也许没有像它的对手那样经常地违背这种国际法,只不过前提条件是假设它是根据其生存利益戒条,以那种最具有良知的自我独立,对德意志以外其余世界完全毋庸讳言的一无所知。因此,德意志法学的实证主义对并非国家命令的法律基本原则的缺乏理解,在很大程度上是有共同过错的。在实证主义法学思想的主导下,德意志法律者阶层对整个德意志民族法律良知的责任没有充分的意识。

不过,即使是上升的劳动阶级也没有带来一种成熟的法律意识。唯物主义历史观在相当长的时间里片面地强调了每一种法律秩序"仅仅"是以法律形式表现的阶级斗争的力量对比。但却没有补充说明,这种阶级统治以法律形式所做的转化并不是空洞无物的骗局,相反,这种产生阶级利益的法律形式是按照自身的法则进一步扩展的——而且极有可能是针对其最初赖以产生的本身阶级利益扩张的。资本主义为了自身所需要的自由通过转化为法律形式也必然地给劳动者带来利益,并且形成联合自由,即对于资本家斗争的最为重要的武器。如果处在资本主义经济秩序下的形式民主,即"选票民主"某种程度上首先只是一种新的资本主义阶级国家的法律形式,那么这种秩序作为一种新的不可避免的法律形式同样也提供了这种可能,即以一种选票多数的合法性支持"无产阶级专政"(Diktatur der Proletariats),进而不断地将阶级国家改造成一种社会主义的共同体。如果法律形式不是由阶级利益确认掌握，阶级利益就不能利用法律形式。假如法学家们的实证法主义对于法律形式与实际生活的内容和目标之间的关联视而不见，那么群众的唯物主义就不会对法律形式这种独特和独立的力量与尊严给予应有的敬畏。每一次革命都意味着由于一项内容而引发的形式爆炸，这种内容在特定的形式中不再能够得到表达，因此，每次革命之后，文化的一个很大关注就是从支离破碎的文化残片中为这种源源不断的内容提供一些新的形式，人民群众可以由此领教一种新的艺术的、社会的以及法律的形式意义。

民族的法权理念是其历史的产物。德意志法权感是德意志警察和专制国家的一面镜子：自由，构成国家有效组成部分的自由长期以来被加以排斥，德意志国家尤其是将自由作为国家的自由来理解，而且它的法权感首先是自身法权感，是一种对自身人格不可侵害的某种嫉妒的警觉，一种自由和荣誉感。这种自身法权感，即法权实现就是荣誉的观念，在很大程度上赢取了德意志的灵魂。今天，对于"为法权而斗争"宣教的需要，远远少于对弄讼和斤斤计较而产生的需要，少于对通过引入善意诉讼而实现法权自由效果的需要。

这种对于自身合理性和权利感的过度膨胀，在德意志人民这里相应地表现为某种程度上的对于法律、对于法律原则神圣性和不可侵犯性感觉的薄弱。由于国家不是在连续不断的历史发展中产生，而是通过对以往的革命突破诞生，故它们也以其自我意识与其他共同体相区别，国家不是不自觉的历史的产物，而是纯粹的理性的创造，所以必须要对置放在理性天平上的自然法基本原则，对理性所锻造的实证法规则给予尊重。的确，法国法和美国法的法权感以一种热情，就像其法律规则与法律原则不是抽象，而是现实，似乎它们就是国家实在的生活与灵魂那样，取向于作为法律的成文理性，这与我们截然不同。事实上，法国和美国的爱国主义热爱他们的祖国不只是一种唯一的、不可模仿的个体性，而且还是某些一般原则最古老、最完美的世俗化，还是对于所有国家而言可以被奉为楷模的纯粹政治理性的头生子。对于我们而言，保罗教堂的最大失望是出于纯粹理性的德意志国家头产流了产，并且后来还利用了我们理想主义的全部热情，然而却是一种令人失望的、走向反面的、向现实政治顶礼膜拜的理想主义，以血和铁，建立了德意志帝国。① 于是，权力作为唯一的创造者和持有者而被赞颂，我们的政治对手通过抽象的法律思想和纯粹的"烂纸头"所提出的政治活动行为的动议，被我们看作是全然的虚伪，而我们自己对法律原则的"完全"侵犯则根本没有做出足够敏感地反映。法兰西帝国的再生，共和国和保守力量的斗争在德雷福斯案件(Drefus-Affäre)②的审判过程中得到充分地体现。德意志法权感什么时候曾被一个错误判决如此深刻地激起过？

---

① 俾斯麦在1862年9月30日普鲁士议会上宣称："我们这个时代的基本问题不是通过言论和多数表决解决的（这曾是1848—1849年间的一个严重错误），而是通过铁与血予以解决的。"参见《俾斯麦文集》，第10卷《1847—1869年演讲集》，威廉·施律斯勒(Wilhelm Schlüssler)编，柏林，1928年版，第140页。——作者原注

② 德雷福斯案件是1894年发生在法国的具有反犹政治背景的案件。当时，任职于法国总参谋部的上尉军官德雷福斯被法国军事当局指控向德国出卖军事情报，后被判终身监禁。此事被好战分子和反犹分子利用，一度煽动反犹和对德开战的情绪。但不久事实真相大白，真正的犯罪分子另有其人。1899年，法国政府在强大的社会压力下被迫重审此案，1906年最高法院宣布德雷福斯无罪，被恢复名誉和军衔。

但是，此外还存在着第三种法权感，一种并不适合于权利的个体性但却适合于具体现实的法权感，一种不适合于最高法律原则但却适合于作为个别行为规则合理性概括的法律构造的法权感：不适合于合理性，而是适合于法律秩序；不适合于法律规则的一般性，而适合于法律同志的共同体，即公社（Gemeinwesen）的法权感。这就是那种我们尤可见之于英格兰的共同理念（Gemeinsinn），"它作为一种在日常生活中潜移默化的和独立自主的下意识（Untergefühl），它与宗教的核心非常接近"（舒尔茨·格费尔尼茨）。① 在美国，人们设法用那些所有能够采用的手段来教育人们成为一个具有"好公民"（good citizen）意识和成就的人。在德意志专制国家，忠君思想是一种共同理念的幼稚形式，这是德意志专制国家还没有学到手，不想看到，但却要喜欢的理念。只有在人民国家中，"国家即我们所有人"② 这种信念才能获得完全的拓展。这种共同理念还可以超越国家的界限，向一种总体国际法共同体的国家发展，我们在这种共同体国家中的权利和我们对于她的义务是包容一切的国际共同理念（internationalen Gemeinsinn）。

由此便提出这样一个问题，即国家公民课程和国家公民教育的

---

① 舒尔茨·格费尔尼茨（Gerhard von Schulze Gaevernitz, 1864—1943），德国国民经济学家和政治家。1893年起在弗莱堡大学任教授，机要枢密大臣。1912—1918年曾为德意志进步人民党（Deutsche Fortschrittliche Volkpartei）的国会议员，1919—1920为德意志民主党国会议员。但此处的引言出自何处难以查注。

② 这段引言似乎出自瑙曼1919年发表的一篇文章《政治义务》。他在这篇文章中说，民主是每个国家公民对其国家意义的知识。因为你们说："我们就是国家，你们抓住了已成过往的十九世纪所有政治运动的核心，而且提供给你们未来国家形态统治要素的重要组成部分。"参见《瑙曼政治文选》，特奥多尔·席德尔主编，第5卷《日常政治文集》，阿尔弗雷德·米拉茨编，科隆/奥普拉登，1964年，第735—739页。

工作必须立即提到日程上来。尤其是我们的大众和继续教育学校的国家公民教育要能成为一个中心,即这种整体教育工作的起点和终点,假如宗教的课程从公共学校里销声匿迹的话。勾画这种国家公民教育任务,最好莫过于像歌德在其《徘徊岁月》(*Wangderjahre*)的"教育省"(pädagogische Provinz)中所说的第三种,但却是最高形式的问候语所表明的那样:"现在他行事果断而勇敢,不再自私地自我孤立",在与其命运相同的人结合的过程中,他现在成了面对这个世界的前哨。① 没有国家公民教育,就没有任何大众教育课程设置乃至高等教育课程设置,同样,没有国家公民知识的考试,就没有医学公共考试直到警察考试!如同高等学校是我们的综合教育制度一样,我们大学的法学院要特别享有国家公民教育多种多样的不同渠道。法学院因此应该从专业学校和专业场所成为大众伦理教育的中心,它们不外乎就像现在的神学院。这带来的不仅是其活动的一个实质性的扩展,而且还是其思想理念的一种深刻转折。

不过,冯·施泰因男爵(Freiherr vom Stein)② 早就意识到了"唤醒和保持共同理念"③ 是以行动参与共同体的最好办法。尤其是,我

---

① 此语出自歌德《徘徊岁月》或《诫者》(*Entsagenden*)。
② 冯·施泰因(Heinrich Friedrich Karl Reichsfreiherr vom und zum Stein, 1737—1831),德国近代史上很有影响的一个人物。法学家和政治家,1804年起任普鲁士财政部长,1806年他在一篇著名的文章中提出了经济和社会改革的计划。1807年元月曾一度被威廉三世解职,同年十月重新被任命为普鲁士的部长(首相)。在这期间,他开始提出其庞大的改革方案,包括十月敕令(Oktoberedikt)、城市法令(Städteordnung)及行政组织(Verwaltungsorganisation)等。由于拿破仑战争的威胁,他于1808年逃往奥地利和俄罗斯,不得不中断其改革的思考。直到1813年战争结束他返回德国后,他才能够完成这些作品。
③ 在施泰因起草的、1808年在科尼斯贝格(Konigsberg)公布的《普鲁士王朝全部城市法令》(*Ordnung für sämtliche Städte der preussischen Monarchie*)中,(接下页)

们的法院组织制度必须要从加强司法活动中外行参与陪审的角度来进行改造。我们还特别地期待着社会权利的确认和扩大,从而使妇女能够与男人一样享有平等的,但却适合其自身的工作权利。

在专制国家体制下,法权与民众之间存在着多种职业上的异化。但在人民国家中同样也存在着这些异化,而这些都是我们要去克服的。

---

(接上页)开始有这样的话:"我们,弗里德里希·威廉,承上帝恩典之普鲁士王,在此制定并昭示:近代以降,适时允当之规日显欠缺……,而市民阶层于社会管理之有效参与,亦为极端迫切之需,因使吾朝确信,制定独立优良之宪法与我朝诸城邦,依法于市民社会之中建立一种稳定共识,从而使之能够实际参与社会管理,并由此种参与唤起和保持民众之共同理念,实乃时代必然之举。"

# 歌德与我们

对我们来说,想要对歌德作一全面了解并用几个公式来予以详尽阐释或许有些远离主题了。从某种意义上讲,歌德不是一个民主者,更不是一个革命者。不过,他却预见到法国革命。早在这次革命发生八年之前,他就看到"道德和政治的世界可能将由于秘密活动、地下室谋划,下水道聚议而潜伏着种种危机"。更为著名的是他后来所说的,"任何一种革命从来不是民众的过错,而是政府的过错",而且从他对瓦尔密炮战(Kanonade von Valmy)[①]所说的来看,他已经意识到了,"此时此刻,一个新的世界史时代诞生了"。但"这是因其本性而自发诞生,他宁愿引发一种非正义,也不要承受一种无序",由此又激励了他,即历史上的发展思想的宣告者,如同自然的发展思想的宣告者一样,用暴力摧毁颠覆最表层的抵抗意志:"所有自由的使徒们都令我反感。"[②] 在这句话的某种更高层次意义上,他是一个亚里士多德——但在此他又是一个民众的朋友,

---

[①] 瓦尔密炮战,1792年9月20日发生在法军与奥普联军之间的、未曾短兵相接的炮战。在跟随魏玛公爵征战的歌德眼里,这次战斗实际上是法军获得了道义上和战役上的胜利。此战之后,奥普联军撤退,法国革命军开始向莱茵地区胜利进军。

[②] 此处所引歌德的语句分别见于:1871年6月22日致拉法特(Lavater);《艾克曼与歌德对话录》,1824年1月24日;歌德的《法兰西战役》(*Campagne in Frankreich*)。

"人们称之为下层的人类社会阶层,某种程度上在上帝的面前却是至高无上的"。一位后来的诗人显而易见地影射歌德说:

> 在你们高尚的理想面前,
> 我们有共同的痛苦和快乐;
> 每个农人的熬煎,
> 都是每个工人的折磨。

就像是对此先知先觉的回答一样,歌德在1779年3月6日写给冯·斯坦因夫人的信中说:"这里再也不会上演这个戏剧了,令人生厌的是陶里斯王(König von Tauris)还要讲话,[①] 就像阿波尔达(Apolda)的织袜女工们根本没有人挨饿一样。"[②]

但是,在一种比对于民众的同情更深的感情意义上,我们可以将此处引述的思想与歌德伟大的名字联系在一起,如果一种知识想在伟大的德意志人面前予以坚持的话,如果要完全表明,歌德的目光业已友善地关注着他们,那么它就保证了一种终极的安慰平静和内心深处的满足。就我们所获得的理解可以这样阐释说,这种理解与歌德耄耋之年所说的最后一些话是相符合的,这些话是歌德在《威廉·迈斯特的学习时代》和《浮士德》的第二部分中给我们遗留下来的。因为我们看到了他超越了其青少年时期和他那个时代的个人

---

[①] 陶里斯是希腊的一个小岛。此处是指歌德以希腊神话为题材写的一个剧目,该剧主要描写的是阿伽门农(Agamemnon)和克吕泰涅斯特拉(Clytemnestra)之女伊菲格尼娅(Iphigenia,又译:伊菲革涅亚)的悲剧故事。

[②] 今爱尔福特地区的小城镇。

主义思想成长起来，完全充满了一种超个人主义工作-劳动共同体的意识。

《威廉·迈斯特的学习时代》的基本思想是，在自身中寻求自我的人，永远不会发现自我，只有以行动在这个世界中生存的人，反过来才能被这个世界所接受。为了这个目的，通观歌德整个一生的作品，可以看到他时时刻刻都在有意识地传播宣扬着这样一种思想，即一个一味忙于自身存在和追求自我的人，极容易蜕变堕落，而且最终将一事无成。在他所进行的说明中，我们只能引述一句话："人们怎能够了解自身？通过思考永无可能，只有通过行动。尝试着去履行一种义务，你马上就可以知道你是何人。"但什么是你的义务？就是当下之急。假使要说是"认识你自己！"那是不对的，而是"尝试你自己！"如果《徘徊岁月》(*Wanderjahre*)用了一个副标题"放弃者"(Entsagenden)①，这样的话就可以实现刚才所说过的：只有放弃对于自身的体贴入微的关照，只有忘我地献身于一定的事业和一个上位的共同体，才能达到一个自觉地占有和享有一个成为整体的自我。现实性(Sachlichkeit)，它如同矿泉水一样清澈鲜明，就是歌德的要求，也是"客观性"(Objektivität)。"所有处于倒退和解体时代的人都是主观的，但是相反，所有进步的时代都具有一种客观的方向"，歌德有一次对艾克曼说，"每一种卓尔不凡的奋斗都是从内心深处走到外部世界"。这样一来，原本只是属于每个人自己的感觉，现在就通过这个人的劳动工作而使之属于这个世界，他自觉地使这个世界与自身相互归属。歌德越是到老，越是

---

① "Entsagenden"在此又可译作"断念者"。

远离了他最初的话:"感觉就是一切!"如今对他来说是对所有事物的自觉,是对所有行为的自觉。在他与里默尔(Riemer)的一次对话中,他将一句话附在其得意之语"青年之想望,老年之丰收"之后,即"他只是期望自己自觉"。不过,歌德曾多次声称积极的人生。他不遗余力地强调生命对于生命的使命而言实在太短促,所以他要求一个更广阔的时空来实现其行动。有一次他对艾克曼说:"我们持久的信念只是来源于行动这个概念,因为如果我直到生命的终结都在孜孜不倦地尽我所能,那么这本就是造物主给我安排的生命形式。但假使现在的生命形式不再想继续支持我的灵魂,那么造物主则有义务为我指明我的实在(Dasein)的另一种生命形式。"①

在《徘徊岁月》的教育省里,教育是以行动、工作、劳动,以特定职业的熟练技术,而非以个性和普通教育为取向的——正因为如此,这种教育否定了任何一种"统一"的内在与外在意义,然而它却表明着最多种多样的个性主义倾向。"胡闹是你们的普通教育"——"如今是一个片面性的时代,对于为了自己和其他人在此意义上理解这个时代的人来说,情况的确如此。你成为一个器官,并且由此期待着人们在普遍生活中好心好意地施舍给你一个位置"——"只有所有的人才制造人性,而且也只有所有的力量一起发生作用才创造世界"。所以,这个教育省实际表现为一个出色的工作学校,也就是生产学校——因而它也成了一个共同体学校。在这个教育省内的第三个和最高形式的套语是一个工作和同事共同体的象征,"现在他处世坚定果敢,不再那么自私自利地我行我素;

---

① 此语出自《艾克曼与歌德对话录》。

而只是与其同类甘苦与共地面对世界"。共同体设计的、劳动激励的合唱曲气势宏伟,撼动人心,一种共同体文化的思想明确地形成了轮廓。这个教育省内的艺术家们将其表述为,"在这里,似乎没有任何人是以自己的力量和权力有所作为,而是有一种秘而不宣的精神使他们大家获得了完全的生命活力,并且朝着一个唯一的伟大目标奋力向前",对于那种以不可克服的原始性为借口,想要将其有限的特别性取代无条件整体的中产阶级(Halbvermögen),人们予以尖锐的批评。这个教育省最终还具有一个世界学校的特征。三个套语引领着学子们温和平缓,不知不觉地从天真幼稚的敬天敬神来到对于人间悲欢离合能够开朗明快地理解和认可,最后发展到面对现实世事的同事关系的行动准备状态。在这个教育省的圣地,犹太教被理解为非基督教宗教之一种,生命智慧中的基督教核心耶稣不再是从其痛苦和死亡的神秘宗教仪式中找寻,对于学子们来说这种宗教仪式只是"为了装饰的缘故"而顺便捎带着给予了世界,其目的是使学子们知道,如果他们那里也涌动着这样一种需要的话,他们将在何处发现这种生命智慧的核心。

徘徊者联盟(Bund der Wanderer)具有和教育省同样的特征,事实上后者是为前者做准备的。在勾画一个共同体组织的理想时,歌德显然超越了他那个时代的政治核心问题,即自由主义形式上的法律问题。他实际提出了后来时代的社会问题:脑力劳动和体力劳动、手工作业与机器工业的分工问题。徘徊者联盟是一个以充分计划的劳动分工和劳动联合为基础的共同体组织。每一种社会劳动都享有同等的尊重,手工业作为"严谨艺术"(strenge Künste)同样被视为人文科学(freien Künsten)。是的,以往较少受到重视,提起其名称就会使人们想起手工职业,大多数情况下都被人们与理发师职业联系起来的外科医生职业现在尤其被重视,而且被有意识地赋予主角头衔。这个联盟的道德是以这样一种劳动为取向的:自愿但却适度,必要但却勤勉,像对上帝和自然的最大恩赐予以敬重一样,对时代亦予以最大程度的敬重。除此之外还有同志关系;由于"人们所获取和拥有的,对于个别人来说常常可望而不可即,所以对于弱者来说,社会乃是其最大的需要"。共同体关系在此又一次以合唱的方式得到了强有力的表达,以至于人们觉得想起了尼采的思想,"把国家建立在音乐的基础上"。①

在劳动热情和共同体理念中,威廉的徘徊不定、浮士德的狂飙突进终于走到了终点。在自由的土地上和自由的人民站在一起,是浮士德的最后渴求,他的激情以绝妙的词语创造"共同突进"(Gemeindrang)②给平静的共同体理念以激情之火。

歌德的世界文化思想与上述徘徊者世界联盟有着更密切的关系。对歌德来说,世界文化不是各个分离相处的民众文化成就的简单总和,而是联系越来越密切的各民族之间富有生命力关系的总体,即文化的国际主义。此外,他所追求的并不是一个朦胧渺茫的国际主义文化,而是诸多个别民族作为人类竖琴上振荡着的琴弦一起合奏出来的国际主义文化之声。他在写信给卡莱尔③的信中说

---

① 此语完整的句式是这样的:"……这些人们也第一次理解到,其实想要表达的是,将国家建立在音乐基础上。"参见《尼采全集》,第1卷。
② 这是歌德的创造的一个词语。应该是源于十八世纪七十年代德国发生的、宣扬自然和个人主义,旨在打破启蒙运动的理性主义所谓"狂飙突进"(Sturm und Drang)的文学运动。
③ 托马斯·卡莱尔(Thomas Carlyle,1795—1881),苏格兰散文作家和历史家,其成名作品《法国革命》曾发生过很大影响。

道,"人们必须认识每一个民族文化的特性,以便能够面对这个民族,从而也正是为了由此而能够与之交往"。"如果人们能够设身处地了解个别人类和个别民族群体的特别所在,而且确立这样一种信念,即真正的伟大功勋是因为它属于全人类而被授予的,那么一种真实而普遍的宽容就将最有可能实现。"正因为歌德有如此的思想境界和胸怀,他本人才得以作为德意志的精粹与精华荣属于整个人类。

假如人们要想表明,歌德的宗教虔诚何以能够与此处所说的观点同为一体,那么就必须要再写一本新书。不过,也许我们能够引用两段诗句来稍作一些注解补充。这两段诗句表面看起来相互矛盾,但事实上是对那句"无论如何都要放眼世界"(Ja über die Welt trotz alledem)话的绝妙补充。诗是这样说的:

> 于是最终不可缺少的,
> 还有这诗人的许多仇恨;
> 但怒气冲天和痛恨厌恶,
> 莫如让生活更加美好。①

但在《浮士德》里,守护人林叩斯(Lynkeus)却唱道:

> 我幸福四望的眼睛,

---

① 这一小节诗句是作者引自布尔达赫编:《世界——歌德文集》(Welt-Goethe Ausgabe),第5卷,"歌手篇"中的"元素"。诗是这样开始的:"一首真正的民歌,要以多少元素孕育,是门外汉们发现,大师们怀着喜悦聆听吗?"

所见一切都是清明;
或许并非尽如吾意,
但却是如此的美好!①

正因如此,1920年8月28日劳动者青年(Arbeitersjugend)在魏玛的双人雕像脚下所敬献的花圈就成为整体相关、彼此照应的象征和誓言。② 现在或许能以颇有歌德风格的语言来结束这段阐释:

"如此勇敢向前吧!"

---

① 此语出自《浮士德》第二部中"深夜"一节,杨武能译作:"幸福的双目啊,你们所见一切,尽管千变万化,莫不美妙动人!"
② 此处指魏玛市中心耸立的歌德与席勒的雕像。

# 后　　记

　　鉴于我们曾经历过的灾难，亦即那悲惨不幸的野心，我们当中的确还有谁能心安理得有勇气说，在经过这世界史上最令人难以置信的残酷一幕之后，他仍然没有从中汲取任何教训！没有任何共同参与了那个时代的政治思想的人可以模糊这一人类悲剧早期步履的蛛丝马迹——因此这部在1927年就已发表的著作现在没有做任何改动，不过增加了一个后记，目的在于使我今天和当时思想之间的紧张关系能为人们辨别。我在此表明这种对立当然不是出于传记式的兴趣，相反倒是因为作者意在保持这种作品思想的时代特征。

　　当然，对于有观察力的读者来说，这种辩证的紧张关系即使是在当时的阐述当中也没有逃过他们的眼睛。作者从当时在社会民主党中占主导地位的世界观出发，力图通过其自身的辩证法来阐发其进步发展。这样一来，在唯物主义的历史观中，那种固有的理想主义就被凸显出来，于是乎即使对社会主义来说也是内在固有的，也无法抹去的个人主义也就在此得以阐发，即使是在无神论的自由思想者那里仍然未知的、隐藏着的宗教虔诚也就得到了证明。因此，这个后记无须改动早期思想的实质内容，相反仅仅是此外设置一些重心，只是将那些当时还在隐隐约约之中的思想拿回到光天化日之下而已。

通向社会主义的道路有很多条，不是仅仅有"科学的"社会主义，此外还有"乌托邦的"、"意识形态的"和"理想主义的"社会主义。我如今还听说，就像出类拔萃的爱德华·达维①在社会民主党议会党团的一次会议上以令人难忘的口气所说的："是什么将我们的同志们与党联系在一起？'是可能给予全体民众的尘世的幸福，太阳的壮美，抑或思想的光辉，知识的力量！'这就是原因，但却不是科学的社会主义。"作者本人也必须承认，他不是因为科学社会主义而参加社会民主党，而是由于追求社会正义而参加社会民主党。

通向社会主义的道路有多条，其中还有从宗教到社会主义的道路。我们已经表明，即使最为欲望多样的现实社会也包含着宗教虔诚的内核。但是，宗教的需要只有在上帝那里才能获得其满足——这就是为什么我们要克制自己动不动就让上帝的名字脱口而出的原因。但是，宗教虔诚只能是在一种积极的宗教中才能包含共同体构造的、具有传统意义的形态：中世纪的人们，无论他们想抑或不想，本质上都是基督徒。但基督教绝不可能存在于托尔斯泰对耶稣山顶训诫所作字面理解的那种形态中，这是不可想象的：作为一种兀自重要的人类个别灵魂的形而上学的个人主义，作为一种与现实世界所有社会生活形式对立的无政府主义的无所谓。这里有着

---

① 爱德华·达维（Edward David, 1863—1930），哲学和社会经济学博士，社会民主主义政治家。1919年魏玛共和国第一次国民议会议长，曾先后出任政府的不管部部长和内政部长（1903—1918、1920—1930）。著有《社会主义和农业》等。

基督教式的自然法和基督教式的社会主义。《教皇四十年告谕》虽然对社会主义的名字一无所知，但是却宣告了企业经济活动的社会主义化是允许的，在某些情况下甚至是可以倡导的。就是在清教当中，也出现了对法权的基督教合理化说明以及促进基督教社会主义的努力。

这也就说，如果社会主义可以或者必然以基督教为基础这个立论能够成立的话，那么社会主义就不再能够像迄今为止人们一次次说的那样，被视作非基督教的、世俗的或者自成一体的世界观学派，或至少不可能像社会主义学派那样将宗教课程的取消看作是社会主义一个合乎逻辑的立场。任何人都不能够被强迫信奉基督教，可任何人也不会远离基督教。基督教共同体学派与世俗的或世界观学派一样都是"我们的"学派，这个学派此外还要有一个相应的世界观作为培育共同体形式的前提，如同它如今无论如何还不存在一样。

任何人都不应该在教育其孩子时以某种特定的宗教、信仰或世界观为必要。我们曾深深痛苦地经历了不顾父母意志而强迫实行的国家社会主义强制教育，由于没有认识到一种表述方式的危险，即以"委托的共同体教育"（anvertraute Gemeinschaftserziehung）取代了家庭教育。① 在《波恩宪法》（第6条第2款）正确地表述说，儿童的教育当是父母的一种"自然法权"。在某些例外情况下允许对这种权利予以剥夺，但永远不能以父母选择某种宗教、信仰或世

---

① 拉德布鲁赫早期持有这种观点，但在此他自己明确否定了这种观点。参见本书"社会主义的家庭观"一章。

界观为依据。也就是说，不能以世界观的理由为依据，相反，只能以教育学的否定为依据，不是以目的为依据，而仅仅是以不正当的教育手段和途径，例如以世界观教育的狂热和不容忍为依据。如果父母的教育必须是一种民主教育的话，那么这种民主既不是一种世界观，也不是用于解决社会中存在的世界观对立的一种程序方式。

社会主义并不受一种特定的世界观制约，它是从各种各样不同的世界观中得出同样类型的推论。因此，社会民主党如今不再是什么世界观党派（Weltanschauungspartei），而是一种政治上的目的党派（Zweckpartei），尽管它从各个方面论证自己，但目的只有一个。我当然清楚什么叫作与旧的世界观告别，什么是社会主义劳动者以其整体实质和生存感受到的蕴藏和承担这种世界观，但是发展到一个新的党派形式的过渡已不可逆转地完成了。这种过渡的完成，还需以社民党（SPD）①停止作为一个纯无产阶级的阶级党派为条件。社会主义现在不只意味着无产阶级的一种要求，而且还意味着拯救社会地位沦落的市民阶层。这个市民阶层在经济地位方面与无产阶级平等，但在精神上却与无产阶级有天壤之别。尽管如此，只要资本的进攻性阶级斗争因其实质仍然要求无产阶级的防御性阶级斗争，人们也就不可以从党派的辞典中删除阶级斗争这个词。我们不能够忘记，国家社会主义的权力攫取实际上就是上述所谓进攻性阶级斗争一种新的形式，而且这种阶级斗争从一开始就采用了国际

---

① 作者这里用了"社会民主党"的简写"社民党"。

的权力操作方式。

政治上的目的党派，不是世界观党派——必然还导致党派不应再受一种以世界观为基础的党派总纲领的拘束。人们大体不会那样去做，将自己绑在一棵树上，就是为了要说：我在这里，我不能另有所为！行动纲领、短期的选举目标足以从不可预见的事情中学习并且去适应新的情况，而一个长期的纲领只能是自己减少自己的机会——假使的确曾有过不可预见的将来，那么恰恰就是现在！

一部总纲领的阐述还必然误导人们想要去事先解决所有能够遭遇的问题，纵然是一些与总纲领中心要求关系不密切甚至没有任何关联的问题。如果人们将来比迄今为止更经常地在这样一些问题上自由投票的话，那么政治生活和个人责任则会因此得益。

一个总的纲领表明这一个党派有这样的考虑，即按照一党执政的方式在排除其他党派参与的情况下长期地掌握国家权力——而一个必须按照民主-议会党派的实质设置的党派，只能与其他党派轮流进行统治，而且因此只能实现部分改革，于是它仅仅需要一种具体个别的行动纲领。

我们对于自己的目的确实是如此地清楚，以至于想要让我们自己在所有时代都受到束缚吗？回答这样的问题首先是要弄清楚，我们是否想坚持一种具有马克思主义烙印的完全的社会主义，或者是否去占领经济统帅的制高点就足矣。譬如说将大银行、原产品、关键性工业予以社会主义化，这就是说，社会主义的实质是否就是无休止地消除企业利润、剩余价值收取以及剥削，或者只是克服经济的无政府主义。根据已有的经验，我们发现一种完全的社会主义的集权危险要大于以往，我们必须要考虑通过一种"自由社会主义"(frei Sozialismus,韦伯语)而与之遭遇。集权主义在两个方面都认为法治国家是"自由主义的",是可以弃之如废铜烂铁的"市民的"——其实这样的后果我们已然有了经历。所以,即使是社会主义者也必须普遍深入地具有这样的信念,即民主的人民国家同样也必须是一个法治国家,也必须按照权力分立的原则建立,并且承担尊重和保护人类基本权利的义务。我们所要的是法治国家,人的自由而不是任何专政,即使是称之为"无产阶级专政"(Diktatur des Proletariats)。① 我们所需要的是科学的自由而不是教条的强制,即使它是一种给定的科学社会主义强制。我们所要的是新闻自由,包括党派新闻自由,因为只有毫无拘束和忌讳的思想表达才能在整个信仰者范围内产生说服力:以往旧的党派新闻没能够做到这点,因为它只是作为一种自发的、毫无意志的党派传声筒,未能克服党派团体的特征,并没有获得对于整个社会的公共舆论的影响。我们肯定个人主义的种种自由,因为社会主义自身已然承载着个人主义,无论人们在共同体和自由之间的辩证关系之内是将其表述为前提条件还是最终目的:"个性在共同体之中,共同体在劳动成就之中。"永远都不可以再说:"你什么都不是,你的人民才是一切。"(Du bist nichts, dein Volk ist alles)这些都是我们通过惨痛的经历所学到的,如果将来有一天个人主义法权又被用于去连根拔除整个个人主义,如果宪法赋予我们的自由又被滥用于最终排斥这些自由本身,总而言之,如果不宽容再次要利用宽容,目的在于能够将其

---

① 早期的拉德布鲁赫还将民主视为以一种多数选举制实现的无产阶级专政的一种可能性。

完全灭绝的话，那么我们绝不可以再予以容忍（参见《波恩国家基本法》第21条第2款）。①

即使是这里所阐发的文化理论，也从一开始就具有个人主义的特征，是的，一个个人主义的内核。文化理论对我们来说并不意味着文化纲领，而是文化社会学。这里的问题是，在一个社会主义社会，人民群众能够为文化做出什么样的贡献。我理解人们今天是带着一种治愈的恐怖感来解读我在此的阐释。在国家社会主义抹杀个性的过程中，我们悲哀地经历了那种暴虐的狂热（Derwische）和身着棕色制服的冲锋队的横冲直撞（Teppichbeete），以及对那作为灭绝人性象征的红色臂章的欢呼。但是问题仍然没有解决，群众文化是否实际上只能是非文化，抑或成为共同体的高贵了的群众是否同样也不能是伟大创造的原因，也就是说，在那种共同体或走向共同体的艺术形式中：以歌剧和交响音乐会的形式，以戏剧和建筑的形式。然而，文化创造的根源依旧是个性和一种显然迄今为止任何宪法都不能确认的人类基本权利，这就是孤寂的权利。

这本书中仅仅有几个具体方面触及我们的自我批评。其目的实质上不是像其至此所描述的一样要反对社会主义世界观，而是反对作为一个世界观党派的党派世界观。所以，作者希望这部书的新

---

① 此处括号内注文1949年原书出版时没有，应系《拉德布鲁赫全集》编者所加。所谓《波恩国家基本法》，即《联邦德国基本法》（Grundgesetz），该条款也原文未动地引入该《基本法》（GG）："所有政党，如因追求其目的或其追随者的行为而损害或破坏自由民主的基本秩序，或是威胁到德意志联邦共和国的构成，均属违宪。"

版能够帮助所有期待一种世界观宣示的人发现一条道路,特别是为那些年轻的人们,他们由于思想的困窘而正在寻求一种世界观的抉择。

古斯塔夫·拉德布鲁赫<br>
海德堡,1949 年 7 月

# 附录

## 信仰·敬畏·向善

### ——拉德布鲁赫《社会主义文化论》札记[①]

米 健

## 一、《社会主义文化论》的背景及其对我们的意义

如果说思想者就是能够以其睿智和思想启迪社会人生的人,那么我认为拉德布鲁赫就是一个离我们最近的思想者。当然,如果说不同的人从不同的角度去判断会举出完全不同的、可能更多的思想者,那么我就说拉德布鲁赫是离我个人最近的思想者。我们生长的社会与时代,决定了我们很自然地成为一名社会主义的信奉者。坦白讲,虽然坚定未移,但也不是没有过一刻困惑和沉思。所以,当我在书的海洋中发现拉德布鲁赫《社会主义文化论》这个漂流瓶时,真的十分惊喜。

这本名为《社会主义文化论》的著作,实际上是站在社会主义

---

[①] 本文原载《比较法研究》2021年第5期。

世界观立场，讨论因社会主义而发、与社会主义相关的诸多重要问题。虽然作者在此书中阐发的大部分思想观点是基于二十世纪二三十年代德国的社会历史背景，从时间上讲似乎已经有些远了，但从科学和政治理论上讲，对我们仍然有启发、点拨的意义。当我们阅读拉氏这部著作时，很容易获得思想上和方法上的启示，甚至会觉得拉德布鲁赫所阐释的立场观点似乎就是为了帮助我们今天的社会主义建设和对百年以来社会主义实践的反思。尤其应该指出的是，本部译作所依版本是拉德布鲁赫生前最后定稿的，是他在经过第二次世界大战的人间惨剧，纳粹德国遭到彻底失败之后，反思战争，总结历史教训，重新思考社会主义乃至整个人类社会未来情况下落墨搁笔的成果。因此可以说，这部著作虽然主题是社会主义，但其思想背景却广阔得多，是对人性、人类社会、历史及其未来发展的反思与探讨。

总的来说，此书是作者以社会主义为起点，以近似宗教般的虔诚向善之心致力于探讨一种人生观、世界观和社会理想。对此，只要读者稍微用心，肯定会有意想不到的感悟。在这本篇幅不大的著作中，拉德布鲁赫所阐释的内容涉及了现代社会生活中政治思想与意识形态的一些基本问题，其中包括：经济与意识形态之间的关系、社会主义共同体思想具有的基本内涵、社会主义的文化观念、社会主义与当代思想潮流、社会主义国家和革命的任务、民主政治的本质及其运行、民族国家与民主政治、法权及其对于人民国家的意义、宗教的本质及其与社会主义的关联，等等。而所有这些问题，其实正是我们今天或许有思考，或许还没有思考，但却是我们早晚必须面对的问题。阅读这本著作，我们可能会对许多以前不甚明了的问题获得进一步的了解和认识,对有些困惑已久的问题得到豁然开朗的领悟。

很长时间以来,我一直思考着这样一个问题:我们声称自己是社会主义者,但究竟什么是社会主义?社会主义作为一种信仰到底意味着什么?十五年前,我在拉氏这本书的译序中曾经谈及社会主义与信仰的关系,为免重复,此处不再赘述。如今,随着人生阅历的增加和对世事社会的参悟,我越来越相信:有敬畏之心者方有信仰,而凡向善之人必有敬畏之心,无敬畏之心者难以言善。敬畏表明着一个人精神活动的底线,无底线者无善可言。

信仰是人们发自内心、完全自主的精神寄托或价值取向,它是理想的精神源泉。因此,它必然是自觉的而不是自发的,自发可能是信仰的起点,但却不能是信仰的原因。以民主政治为例来说,它只能在民众信仰的基础上建立,没有民众信仰,就没有民主政治。要建立民众信仰,就必须让民众知情知理觉悟。换言之,作为信仰的社会主义,必须为民众真正了解,否则就不可能有真实的民众信仰。总之,明确信仰、尊重信仰、实践信仰是我们的社会责任与历史使命。社会主义的现在和将来必须建立在信仰之上。

对于信仰社会主义的人来说,对于声称自己是社会主义者的人来说,对于勇于对自己的信仰负责的人来说,对于忠实于自己的信仰而且要用毕生奋斗去实现其信仰的人来说,阅读这本书具有很现实的意义。

## 二、社会主义的本质及源流

既然我们把社会主义奉为自己的信仰和行动目标,那么究竟什么是社会主义？按照马克思主义的理论学说，社会主义作为资本主义制度的对立面，是一种以社会生产生活资料公有为基础的社会制度，它通过生产生活资料的集中控制、计划发展、整体配置，机会平等，促进每个社会成员的充分发展，实现全体社会成员的共同富裕。用逻辑的观点看，这是一个从一般到个别的社会发展路径或模式，与资本主义制度从个别到一般的发展路径或模式恰恰形成对比。不过，虽然拉德布鲁赫的这部著作把社会主义理论作为主题，但是并没有直接对社会主义下一个定义，而是围绕社会主义所关联的问题展开讨论。这也许是因为这部著作并非一本基本理论的教科书，而是一部具有哲学思考特点的政论文集，因此已超越了对社会主义本身下定义的思想范围。

拉德布鲁赫没有在这部著作中直接明确地对社会主义的本质和来源做出定义，但他在探讨社会主义与宗教的关系时，很大程度上涉及了这个问题。除此之外，在他与同时代思想家们的一些论争中，这个问题的答案也有一定的揭示。如比利时思想家亨德里克·德·曼在批评唯理主义的局限性时说：社会主义不仅源自道德信仰、法权感以及反对去人性化的生命本能的反抗的最深刻根源，还同样源自理性对于真理认识的追求。……由此可见，社会主义至少在此也像其他任何一种思潮一样产生于信仰。但是，社会主义同与之相对的思潮的区别在于，它的信仰不是奇迹信仰，而是现实信仰——一种在理性面前具有合理性的，因此又承担着真正责任的现实信仰。"可以说，拉德布鲁赫至少在社会主义与道德信仰关系方面是与亨德里克·德·曼一致的，这点从他探讨社会主义与宗教关系的论述中，就可以清楚地看到。

## 三、社会主义与资本主义

在这部以社会主义文化理论为基本内容的著作里,马克思主义思想理论痕迹最深、最明显的,就是有关经济基础决定上层建筑,思想状况决定于经济状况的历史唯物主义立场观点。就此而言,可以说拉德布鲁赫是一个没有标签为马克思主义者的思想家。他关于社会主义和资本主义区别与命运的阐述,完全是马克思主义的。只不过,它使用了自己的理解和方式表述出来而已。例如,他认为,在资本主义经济秩序下,技术的进步虽然提高了生产率,但却导致了生产过剩,而生产过剩又导致了失业;失业不仅仅意味着贫困,而且还意味着降低购买力,加大生产与购买之间的落差,从而促使新的失业,更多贫困,购买力再次下降,这种颇有制造力的循环持续不断,直至其导致严重的社会动荡,并在这之后重新又获得短暂的紧张平衡,即生产力、需求、购买力相互之间达成一致。如果读者了解一些马克思主义历史唯物主义的基本理论,那么,对拉德布鲁赫此处的认识和观点很可能就有似曾相识的感觉。在此基础上,他进一步指出,资本主义经济"是一种经济上的无政府主义,它引发周期性的经济震荡,这种震荡无法预测估量,就像风和天气一样不可预测和估量——这是人类的杰作,但却是挣脱了人类引导和监视的杰作!"如此一来,资本主义的灭亡就是必然的了。因为任何事物的发展都有一个规律,即当其由于自身原因使其发展陷入不可自解的恶性循环中时,那么解决问题的出路只有两个,一个是借助外力,一个是被其他选择取代。所以,他继而直接了当地说:"卡尔·马克思的必然性理论令人吃惊地得到了证实。我们看到,在这种彼此约束的经济中,资本主义辩证地否定着自身的原则,我们看到每一次资本主义的自我否定都转向社会主义。"

拉德布鲁赫为什么对马克思的历史唯物主义赞赏认同,原因或有多个方面,需要更深入地去探讨。但在他的著作中,至少可以看一些思想轨迹。首先,在他看来,马克思的历史唯物主义教会人们从"经济利益"这个焦点上看待社会经济秩序的构成与作用。从社会学角度看,这种利益必然会成为特定观念的承载工具。其次,他认为:"历史唯物主义最终是作为一种理想主义的形式而出现,某种程度上不是作为一种理想动机的主观理想主义,而是作为一种具有获胜可能的客观理想主义。"拉德布鲁赫本人的思想和人生经历,证明他其实也是一个非常具有理想主义色彩的现实中人。因此,他对马克思主义历史唯物主义的接受,不只是这种理论体系的科学合理,还有他们之间都具有理想主义本性的灵犀。拉德布鲁赫认同黑格尔的说法,即历史唯物主义"就是我们要说的理性计谋(List der Vernunft),它使人们获得其实现理想的激情"。不仅如此,他接下来更充满热情地说:"众所周知,马克思就是以此为出发点的。如此这般建立起来的必然性理论,目的在于把社会主义描述为一个不可阻挡的人类历史命运,这使得任何抵制都丧失信心,任何希望都展翅飞翔的命运,是人们能够对于社会主义未来具有坚定信念的一种不可估量的力量源泉。"再次,他甚至用马克思的阶级斗争理论,预断资本主义的失败:"资本主义经济发展不可避免地导致其自身的取缔和社会主义。而阶级斗争理论则在于它表明了:历史的发展是在一系列的阶级斗争,即资产阶级和无产阶级在从资本主义到社会主义发展过程中的不断斗争中实现的。"

差不多一个世纪前的德国,正处在社会急剧变化的历史阶段,社会主义不仅不是正统的思想,而且还遭受着资本主义力量打击迫害,而处于那时的拉德布鲁赫就能如此鲜明地表明对马克思历史唯物主义的信奉,这不能不令人敬佩。

## 四、社会主义与个人主义

按照社会主义的一般理论和我们对其已有的认知,社会主义与个人主义是格格不入,甚至水火不容的。但是,拉德布鲁赫在他的这部著作中所作的阐释,使我们意识到,既往许多社会主义论说可能忽略了一个十分重要的实质,即社会主义虽然是以公有制为基本特征,虽然强调共同体和劳动者的大联合,但最终落脚点仍然是整个共同体的成员,即每个个人。就此而言,社会主义虽然起点不是个人,但其目标指向却是大联合中的个人。这或许就是资本主义要达到,但未必能够达到的目的,而社会主义较之于资本主义的优越之处基本上就在于此。

根据拉德布鲁赫的阐释,我们得出两个结论,第一,社会主义相较于资本主义的优越性是它把个人的发展置于共同体的发展之中,是一个从一般到个别的个人发展路径;第二,社会主义产生于个人主义,与个人主义有密不可分的关系。拉德布鲁赫认为,《共产党宣言》虽然宣扬了一种联合的思想,但却没有因此完全否定个人的存在和目的。因为,"在这个联合中,每个人的自由发展都是所有其他人自由发展的条件"。与此一致,他进一步阐释说:

"《爱尔福特纲领》明确指出了作为社会主义道德意义上的自由和平等、最高社会福利和全面和谐的实现。两个文献最终都表明了属于个别人生活,而不是社会整体生活的价值,而由此建立的社会主义经济纲领,绝对是以个人主义世界观为基础的。在此之后,社会主义寻求通过另一条道路达到其个别人实现的目的,该目的将资本主义时代的个人主义作为其最高的理想来看待。"当然,他又指出,随着社会主义世界观的逐步形成,资本主义时代的"个性"和"超人"等意识渐渐地融化为"共同体"意识。因为,"如同社会主义的社会学表明个别的人不可避免地要置身于共同体中一样,社会主义的意识形态同样也不能离开共同体寻找其他个性理想。假若大地之子的最终目的仍然是个性,那么个性的意义就不是出自共同体但又与之脱离了的超人个性"。而这里所说的共同体,"不是一种人与人的直接关系,而是人通过共同的人的使命而实现的一种结合,即一种共同事务的、共同斗争的、共同劳动的、共同成就中的结合"。对于个人与共同体之间这种依赖关系,拉德布鲁赫还进一步阐明到:"个性属于那种人们只有在不去追求它时,才能够实现的最高的价值。个性只是人为了事业而忘我牺牲的不令人失望的奖赏,只是礼物和恩惠:'想要追求获得其灵魂者将失去其灵魂,而失去灵魂者又会帮助其灵魂获得生命'。人们只有通过忘我的实事求是才能获得个性。"他甚至直接提出:"社会主义的集体主义思想事实上是集体的个人主义,即其自身接受了群体的事实并且将其改造了的个人主义。"

由上可知,拉氏对于社会主义与个人主义的关系给出了相当清晰的解说。在他看来,社会主义的起点也是个人,只不过个人的生存发展必须置于共同体的生存发展中。就此而言,社会主义和资本主义的起点是一样的。所以,我们不能认为社会主义必然否定个人存在甚至于个人主义。他的这个观点当然不是简单地个人思想倾向,而是历史的、唯物的、必然的,亦即科学的论点。《共产党宣言》中所说的,在以共同体为表现形式的联合中,"每个人的自由发展都是所有其他人自由发展的条件",实际是说了一个路径选择,只是这个路径选择明确之后,社会主义与和资本主义才分道扬镳,各奔前程。至于如何追求和实现个人的个性存在与发展,他的结论是:"只有放弃对于自身的体贴入微的关照,只有忘我地献身于一定的事业和一个上位的共同体,才能达到一个自觉地占有和享有一个成为整体的自我。"在此,拉氏实际又完成了一个否定之否定的思想进路。即从有意识、自觉地个人存在,到现实性或"客观性"的共同体中的个人存在与发展,再到忘我地献身于一个共同体而获得个性。拉氏的这个思想方法,无疑可以给我们认识社会主义条件下个人存在与发展的合理性与必然性提供有益的启发。

## 五、社会主义与宗教

在拉德布鲁赫的思想体系中,源于"无信仰的信仰"的思想观念占有相当分量。他虽然从未皈依宗教,但却自认是"一个天生的基督教灵魂",并且曾说过:"我们注定是基督教徒。"观其一生,他在"无信仰的信仰"的社会与思想活动中,如同一个基督教隐行者,一个上帝面前的独行者。深深植根于他仁善本性的博爱心怀,使他一生都有一种类似宗教的虔诚,并以此驱动他自己的思想与社会活动。1933年之后德国社会政治的激变和他经历过的许多事件使其宗教虔诚得到了加强，他甚至有了皈依宗教的念头。第二次世界大战之后，他在恢复正常工作之后，还曾一度与保尔·蒂利希合作撰写《文化与宗教哲学》，而且还曾尝试着写一部"宗教的社会主义"。当然，他最终没有在这条路上走下去，又回到了社会民主主义的老路上来。

不过，无论怎样，他那种与生俱来的有如宗教的虔诚，使其思想活动和著述不可避免地带有了宗教的色彩。在这部著作中，拉德布鲁赫以相当的篇幅阐释"社会主义与宗教"的不解之缘，其实这正是他自己思想历程的反映。不仅如此，他在整个著作中或此或彼不时闪现的宗教烛光，使其同时代的学者认为他的这部著作本身虽然是现世的、世俗的，但却不无宗教意味。

那么，在拉德布鲁赫看来，社会主义与宗教到底有什么关联呢？他说："社会主义和基督教乍一看上去似乎有比较近的亲缘关系特征。基督教同社会主义一样，最初也源自穷人和被压迫民众的运动；基督教同社会主义一样，也必须忍受迫害和殉教；基督教同社会主义一样，都完全相信穷人与富人对立。所有具有人的面孔的人都是平等的思想，既主宰着社会主义，也主宰着基督教。……毫无疑问，假如在这个世界上从来没有过一个基督教，那么也就根本不会有社会主义。"由此可见，拉氏不仅认为社会主义与宗教是同源的，甚至还认为，社会主义与宗教的动机是一样的。

不过，虽然拉德布鲁赫极为明确地肯定了社会主义与宗教的天然联系，可他同时又指出了两者之间的差别："通过进一步的观察，我们可以发现两者的不同之处却占主要。社会主义伦理的关键词是'团结',而基督教伦理的关键词是'博爱'。博爱这个词本身就已经表明,基督教只关注道德影响,即人与人之间的直接关系,而不是社会中每个行为对于社会及其距离最远的成员的深远影响。……但如今经济上联系着的人范围扩展到全部市民,而且,他们的每一个行为都对众多人、对不认识的人、对整个社会产生着特定的直接或间接的社会影响。这正是近代社会主义道德的实质,不是博爱,而是团结。"而"博爱生存并作用于理念和行为之中,团结则体现在制度当中"。不仅如此,他甚至对宗教的矛盾和虚伪进行了深刻地批判。以《圣经·马太福音》中所讲述的葡萄园工人的故事为例,他一点也不含蓄地批评了宗教说教的虚伪,指出这个典故中"耶稣成了一个要求所有人平等,但实际上却是不公正的管家。这个管家的不公正被如此地轻描淡写,以至于这种不公正竟被大言不惭地比喻成基督行为的精神价值"。他一针见血地指出了宗教的死穴:"在上帝面前,只存在个别的人及其灵魂,在可怕的孤寂当中,每个人与上帝之间的终极对话通过他被赋予的才智,与上帝面对面地进行。"换句话说,宗教将一个必须在社会中才能生存发展的个人从社会上撕扯下来,让他孤独地面对上帝,以图完成其灵魂的救赎。拉氏的剖析明辨至此,不可谓不深不痛。但他意犹未尽,索性盖棺论定说:"宗教不知道应然与罪过,也不知道道德与恶。"宗教的实质可以用《旧约》和《新约》的各一句话来概括,即"上帝关注着他所创造的一切,而且看到一切都很满意";"对于上帝所爱的人们,我们所做的一切都必须是与之尽善"。说得更明白些就是:上帝安排了一切,一切都在上帝的掌握之中,而且上帝对其安排一直都很满意。人们要听从上帝的安排,不要不满意,不要抱怨。在此,上帝这些话的意思让中国人自然想到"乐天知命"的古训。但不同的是,中国的这句话表明的是一种生活态度,并非戒条。对于德国人而言,也许会想到黑格尔"凡是理性的,都是现实的,凡是现实的,都是理性的"(Was vernünftig ist, das ist wirklich, und was wirklich ist, das ist vernünftig)。且不论黑格尔之语是否受到《圣经》的影响,因为它毕竟只是学说,也不是戒条。总之,宗教的虚伪和虚幻,至此昭然若揭,它与社会主义的区别不言自明,两者分道扬镳,不可同日而语已是定论。

然而,虽然拉氏义正辞严、泾渭分明地分析了宗教与社会主义的大相径庭,但却又对宗教依依不舍,对社会主义与宗教之间的扯不断打不碎的关联颇有隐喻。他先是提出一个所有人,或至少大多数人都会提出的,具有宗教意味的问题,即"我们为什么生存,就因为我们必须要死去吗?"然后又接着说:"我们满怀欲求地踏上这个野性十足,多彩多姿的自然帝国,但是却生不长久……"他一方面指出人们面对自然时的无力和与日俱增的恐惧感,另一方面又坚定自信人们自身的能力"足以超然于自然规律之上,可以与自然对立设置理想,与实然对立设置应然,一个理想、价值、目的的王国——即一个负有使命的尘世在我们眼前呈现。仁慈、真实、美丽的三元天体通过我们的生命运行,攫取并掌握了我们的思想、意愿和感觉。……于是现在我们的创造意志就会抓住自然,并且强迫其为理想服务"。如果他的思考到此为止,我们似乎还有积极乐观的结论。但他偏偏又把我们带回到新一轮的痛苦迷惘,提出了新的问题:"但是如果我们追求生命意义的渴望由此静止了呢?恰恰是在文化的高度上,尘世之痛也延长到它痛苦的极限。因为尘世之痛跨越了所有的知识领域,连浮士德也只不过刚刚感触到'我们只能一无所知'这样的痛苦。""在没有监视的循环运动中,在只有通过退步才能换来的进步中,在对于一种遥远无垠的理想永无止境地一点点接近中,在如同用漏水之桶盛水一样,完全绝望的、徒劳无益的工作中,文化距其目标始终都那样遥远。"在此,他又一次表达了人类面对自然、理想面对现实的无能为力。不过,不知为什么,就在拉氏把我们带到痛苦和绝望几近极限时,他又笔锋一转,积极乐观起来。向我们表明:"不过我们毕竟还没有走到尽头。明媚晴朗的春天早晨总是天真无邪地、一次次带着阳光灿烂的自然,唤醒我们来到一个没有以往的新的生活开端。给人以欣慰的秋天的傍晚总是一次次地用充满母爱的柔软双手抚摸所有伤痛和罪责。我们总是一次次得承认:人类的确是善良的,世界的确是美好的。"所以,无论如何,我们应该高高兴兴地生存。于是,他借用古老的德意志诗句表达感慨:

> 我生却不知为何而生,
> 我死却不知何时将死,
> 我行却不知去向何方,
> 我诧异我还如此快乐

这里,或多或少有点弘一法师离世前道出的感悟——"悲欣交集"的意味。但无论如何,拉氏至此对社会主义与宗教的关系已经完成了一个"肯定-否定-否定之否定"的过程。但是,也许是拉氏的风格,当读者好不容易从他设定的语境里,从确信到悲观、又从悲观到乐观时,他又给乐观打了大大的折扣,认为:"这种快乐永远不可以成为一种常态,否则就会变成一种腻人的惬意。"因为这种快乐成为常态时,就可能成为一种鸦片。不知他的这个论点是否受到了马克思主义的影响。因为在马克思主义看来,宗教就是一种精神鸦片。不管怎么说,他又一次对宗教进行了否定,当然不是完全的否定。可是,即使如此,他随后又对宗教给予辩护,认为"一种最终的乐观主义使宗教区别于其他一些精神王国",而"宗教根本上就是那种使生命长久成为可能的东西,因而它生存在每一个人的内心深处,即使这个人还未有意识"。

为了佐证他的这个论点,他以麦克唐纳(James Ramsay Mac-Dongald)和卢森堡(Rosa Luxemburg)这两个杰出的社会主义者为例,说明即使在优秀的社会主义者内心深处,宗教情怀同样也是存在的。麦克唐纳说,他的妻子的社会主义完全生长于宗教。她"敬畏,她就生活在敬畏之中,长年以来总是愈发庄严肃穆。的确,有了这种庄严肃穆的气氛,敬畏就从不会阴郁凄凉"。这种"欢乐喜悦的、形而上的无忧无虑,隐秘的焦虑及在此背景下的深深欢悦,其美妙是我们所说的宗教性所不能予以表达的"。而卢森堡则在铁窗之下给她的女友写信说:"人们必须接受生活的一切,并去发现所有美的、善的东西。"她又说:""事情是多么地奇怪,我经常是生活在一种欢悦的欣喜当中却没有任何特别的理由。因为我使自己静静独处,置身于冬季那幽暗、无聊和不自由的多重黑色帐幔之中——而此时却有一种不可名状的、不知由何而生的内心喜悦敲击着我的心脏,就像是我在明媚灿烂的阳光之下走过鲜花盛开的草地一样。我在黑暗中对生活微笑,恰像我知晓她每个富有魔力的秘密一样,她证明了所有邪恶和悲哀都是谎言,并且将其改变成为更纯净的光明和幸福。"

拉氏在论述宗教与社会主义关系时,以反复回旋,否定之否定的笔法逐步深入地揭示两者之间复杂交错、打断骨头连着筋的关系,时而将我们带到光明,时而又让我们面对黑暗,时而跃到海浪的峰顶,时而跌落海浪的谷底。不时有山重水复疑无路的困顿焦虑,但又常常会获得柳暗花明又一村的惊喜顿悟。不得不说,在解释这种关系过程中,其实多少也反映出拉德布鲁赫思想观点的优柔矛盾,尽管他一次次都予以化解。这是他这个"天生基督教灵魂"的本性流露?还是他作为思想家的高明手法?无论怎样,我们确实从中了解到了社会主义与宗教的共同源流、不同路径和若即若离的宿命。

## 六、社会主义与法权

在这部著作中,拉德布鲁赫对社会主义与法权的关系并没有展开系统的探讨。只是在几个具体问题上,通过对资本主义法权的批判带出其社会主义法权观念。其原因或许是,对于法权及其基本理论方面的问题,他已经在其他著作中较为全面深入地探讨过。在此,他只需对社会主义法权的思想基础及其与自由主义时代法权的不同予以阐释。

首先,他对资本主义的,即自由主义时代的,渗透了个人主义思想观念的法权进行了揭露与批判。他认为,事实上"根本不存在什么个别化的人,个人从其所有关系和特征上看都是社会化的人"。

自由主义思想方法的问题在于只见树木不见森林，因此误导着人们对于反映这种事实的社会关系的认识。而社会主义思想方法，则看到了这个事实，并且据此事实通过一种新的法律观念来认识解释法权。显然，如果我们了解到他对个人主义的最基本看法，特别是他对社会主义与个人主义关系的认识，那么我们很有可能会产生疑问，拉德布鲁赫在这个问题上是否有自相矛盾之嫌？他一方面论证社会主义和个人主义的同源，而且认为共同体或大联合的目的同样也是使个人得到发展，个性得到实现。但又对以个人主义为出发点而生成的自由主义时代法权观念予以否定，其中道理究竟何在？

对于这个问题的答案，也许只能从拉氏的整个思想体系及其变化发展进程中寻找。如前所述，拉德布鲁赫是一个本性向善、具有类似宗教虔诚的博爱情怀但又坚定和充满社会改造激情的社会主义者。很大程度上以康德和黑格尔哲学思想为基础而形成的马克思历史唯物主义思想方法，深深影响了拉德布鲁赫。不仅如此，他所处的时代的社会发展与变化，相当程度上验证了马克思主义的社会主义学说。因此，他在此基础上逐步形成的社会观念，杂糅了出于本性的宗教虔诚、对于现实社会的观察思考以及追求社会正义的理想，从而造成了他的思想与观点在不同阶段有不同的表达方向。事实也是如此，晚年的拉德布鲁赫在不少问题上都对自己先前的观点立场给予了修正。这也是为什么与他同时代的学者评价他"从理如流"。众所周知，他在相当一个时期里都在努力宣扬相对主义法学理论和实证主义法学思想，但在经历了第二次世界大战之后，他从历史的教训中获得新的认识，从而修正了他的上述思想理论。他早年对自由主义时代的私人所有权予以批判，声称在社会主义时代,"财产权向共同体权利屈服"。但1945年后,他又纠正了这个看法,重新肯定个人的自由和自主。对于拉德布鲁赫思想观点中存有矛盾的原因,这里的解答并不一定准确,但至少是一种理解途径。

以对个人主义的批判为基础,拉德布鲁赫指出,个人主义法权观主要表现为以个人的法律观点为出点的"私法的法权观"。而"私人所有权,即不可侵犯的、不会发生消灭时效、神圣的法权,并由绝对资本取代"。在此情况下,作为资本主义法律制度基石的私人所有权和契约自由就结合成了相辅相成的巨大力量,其结果,就导致了社会的不公正和不平等。因为"契约自由对于那些拥有这种力量的人来说的确是自由的,但是对那些面对这种力量的人来说则是无能为力的"。再进一步说,"资本主义的法律制度意味着,在一个以平等和自由为基础建立的全部秩序表象下,实际上不外乎是先前已被其克服的劳动者依附制度……根据法律表象仅仅涉及物的私人所有权制度,根据法律表象既有的契约自由制度,在没有任何社会伦理背景的情况下,最终仅仅单方面地对资本家和劳动者之间的关系予以限制"。这种法律关系是"一种赤裸裸地把人作为其对象,把人作为人的客体而设计,被社会道德予以渗透的法律关系"。拉德布鲁赫在此的分析批判对我们来说显然也不会陌生,因为这几乎完全就是马克思社会主义法权学说。

在对个人主义的私法观念进行了批判之后,拉氏又对渗透着个人主义的刑法理论和制度进行了批判。他批评个人主义刑法观念,亦即报复刑法将犯罪与刑罚对应地对立是错误的,因为这就像把劳动关系中的劳动和工资对应起来一样。因为"一项犯罪不是犯罪本身的实现,而是一个人实施了一项犯罪,因此应该对这个人处以刑罚。况且，这种观点没有认识到人其实是被嵌入整个社会之中的，因而没有正确认识其犯罪根源"。他认为，犯罪的行为人之所以犯罪，是该行为人的"总和人格"决定的。因而，应该处罚的是这个具有特定总和人格的行为人。而这个"总和人格"，就是社会对于一个人的塑造结果。用他的话来说，就是"社会化的人的形象"。由此，他引出了社会主义法权的实质特征，即"社会化"。

在社会主义社会中，法权将一改以往的"个人化"而转向"社会化"。传统私法，即市民法，只承认表面上的平等主体，只看到单个的个人，根本不关注劳动阶层的团结和企业的联合，在此情况下，事实上是不平等的。他认为，"在一个不平等的社会中，那种所谓对所有人的平等，恰恰就意味着对无产者最令人震惊的不平等"。但是，转向"社会化的"社会主义的法权则正在慢慢改变这种状况。以劳动法为例，如今的工人不再是单个的个人，他们身后还有工人团体、企业主及其联合；不只有自由的合同，还有严峻的经济力量的斗争和基于共同体意识或集体自我主义而产生的以往没有的"团结"。这种情况最终导致工人不再是企业主用以劳动的"手"，换言之，资本家以往雇来的"劳动之手"，如今不再是他自己的手。

在上述社会背景下，"集体人"成为权利要求的一个对象，但这同时意味着这个集体人当中的人们彼此之间必须要有一些集体道德，于是，一种新的权利道德化就自然而然地被提到日程上来。因为"如果一个社会没有现实的伦理，那么这个社会就会成为一种约定的谎言，毋庸讳言，这就意味着恶习献祭于美德"。拉德布鲁赫的这个论点，在我们今天的社会中，仍然有深刻的警示意义。

对于社会主义法权的发展，拉德布鲁赫站在当时的历史时代认为:"在现今的法律秩序当中,就勾画出了未来社会主义法律秩序的一个基本轮廓,在这个未来的法律秩序中,如今越来越被公法左右和渗透的私法注定要完全献身于公法。"不过,从现在的情况看,拉德布鲁赫的这个论断只有部分得到验证:公法对私法的左右和渗透的确越来越多,但今日的私法还是私法,公法和私法的沟壑仍然没有填平,而无论从理论上还是现实上讲,永远都不可能完全填平,只是有可能愈来愈小而已。

与社会主义的法律秩序应该走向社会化的思想相一致,拉德布鲁赫还认为,过去德意志专制国家有两个代言人,即官僚阶层和法律者阶层,他们是专制国家在法律上的体现,是法律的实现者或在国家利益的限制范围内履行职责。在他看来,民主国家的法律者类型,只能在国家司法框架之外寻求。这就是以法权服务于社会的"社会法律者"!在此,我们可以看到,拉德布鲁赫有关社会主义的法权思想其实是相当激进的。即使是在今天的中国,这种期待也是很不现实的,更何况在西方自由主义的国家里。

不仅如此,他对社会主义的法学也有同样的理解和预断。他认为,法学也必须以社会化的思想实现发展,进一步说,"法权必须保持是法权",这是一个必然坚持的原则。"但法权对于律师与对于法官来说是不同的。如果人们用私人利益的眼光看待法权,那么在根据法律引出的基本原则基础上对于法权的创造性会获得另一种结果。但是,如果不具有任何目的关系,只是从某种国家命令的意志角度看待法权,那情况就不同了。迄今为止,法学实质上就是在这种意义上发展的法学。它必定越来越向着社会法学的方向发展。"不过,这种向着"社会法权"方向发展的一个必然结果是,法权的独立性和规律性受到伤害。很清楚,拉德布鲁赫表明了这样一种观点,即法学及其所影响的法权制度,按照社会主义思想,必然向着"社会法权"发展。这意味着,法权要"容忍善意,并且将其用于社会福利、道德伦理和文化等方方面面"。用他的话说,就是把"法权置于它或被推动或被阻碍的各种社会事实与它本应为之服务的价值关联之中",如此一来,这种社会法学就破坏了"法权自以为是的孤立"。总之,"如今,没有深入的社会科学和社会哲学知识就不再有任何法学!法学敌视哲学的世纪、'历史学派'的世纪现在终于终结了"。在这种认识和观点基础上,拉氏对于传统的法学教育与法律职业教育提出了即使我们今天看来都相当激进的意见。例如,他认为,以往先理论后实践、先过去法律再今天法律、先私法后公法的学习方法,应该完全倒转过来。他甚至认为:"对社会国家而言,所有私法只是公法的一种暂时的、越来越狭小界定的飞地(Exklave),是后者节省出来给予的个人活动自由的活动空间,特别是私人所有权不是与生俱来的和不可侵犯的法权,而是一种可以由授予机构撤销的、受社会总体财富委托的财富,总体社会财富只是在这种个别财富拥有人的个别利益和社会总体利益一致时,才赋予该拥有人自由使用的权利。……应该使私法在所有的具体问题上都服从公法的思想方法。"在这里,我们看到当年的拉德布鲁赫思想上是何等的激进!幸好,他晚年修正了他早期的一些观点看法。

　　但另一方面我们必须承认,拉德布鲁赫关于法学和法律制度社会化发展的预断已经完全被当代诸多国家的法律发展方向与路径所验证,特别是在中国,这种法学社会化发展的实践更具有证明力。只不过,对于中国法学的社会化发展,法律人整个集体并没有做好应有的思想和知识准备,基本上是一种盲从的、服从的、跟从的、功利的专业参与。当然,这也许是因为中国法学界很早就没有过独立和自身规律,他们对于法学"社会化"发展的参与只是一种惯性而已。

但是,令人困惑的是,拉氏一方面强调法律社会化发展的方向和必要性,阐明法学发展不复可能独立,但另一方面他又告诫和批评说:"一种不想以追寻正义为本职工作的法律科学,永远不会赢得其年轻追随者的心,更不用说是民众的灵魂了。"不仅如此,他还非常严厉地批评道:"然而,迄今为止哪里有这样的法学家,他们认识到了超越于国家专断意志的法权,但由于对实证法的盲目崇拜又未曾斥责过那些探寻法权正当性的问题是超出科学界限的、不被允许的自然法思想方式的冲动?对法权而言,这是一种与国家意志具有同等意义的实证主义,其实也是现实政治和权力国家时代合乎逻辑的法学现象。实证主义剥夺了所有庄严的、对于法律外行的良知具有说服力的法律思想。……德意志法学的实证主义对并非国家命令的法律基本原则的缺乏理解,很大程度上是存在共同过错的。在实证主义法学思想的主导下,德意志法律者阶层对整个德意志民族法律良知的责任没有充分的意识。"

如果我们将拉氏在此问题上前后所讲的观点对照思考,就会发现拉德布鲁赫对法律人的告诫及其对实证主义法学的严厉批判与他讲的法律社会化发展思路似乎确实有些错落乃至矛盾。如果说第二次世界大战之后他对法律实证主义进行反思并做出这样的批评,那倒不奇怪。可是,此处的观点则是他较早时期所持。那么,这当如何解释呢?我想,只能从他的整个思想体系及其发展过程来寻找答案。

## 七、社会主义与民主

无论对于资本主义（自由主义）还是社会主义，民主都是一个大题目，一个核心问题，一个出于人的本性的思想倾向。除了明明白白的封建和专制国家外，都不会禁言民主。但什么是民主？民主有怎样的类型和形式？怎样才能实现民主？从来没有一个普遍的共识和最终的定论。这就决定了，民主可能是政治家和思想家们要永无止境地探讨的问题，因为对于民主的认识和实践方法，也是不断变化着的。这是一个不能不讲，但讲也很难讲明白，或即使讲明白最终也很难做明白的话题。拉德布鲁赫在这部篇幅不大的著作中，他用了两个专章以及其他章节中的许多内容讲民主。其中，他的有些看法对我们今天认识民主仍然有帮助和启发，有些看法更值得我们今天深思。

第一、民主的实质。民主究竟是什么？其从何而来？民主是出于人性深处的本能，即自主平等的欲求。民主说透了就是自己才是自己的主人，自己要为自己做主。但在一个万千大众构成的社会中，如果每个人都要做自己的主人，那最后的结果就是谁都成不了自己的主人。于是，具有思想智慧而面对现实的人就找了一条出路，即将每个人的自主放在一起，然后以特定的方式集合成为每一个个人都可能实现自主的大自主，这就是民主。所以，民主是一种人的本性可以接受的共同价值。如果认可这个观点，那么我们就会明白民主是人的社会存在所决定的一种理性选择，是一种根据人的社会属性和社会发展规律所产生的秩序规则,是一种出于人的本性的意识形态。于是,民主的形式也就随着历史社会的发展而发展。如此一来,民主就是一个谁也不能否认,但谁也不能给其定论的、永远讨论不休的永恒话题。

拉德布鲁赫对此揭示说:"那些以民主的社会学为起点,最后以民主的意识形态无价值性为终结的人,现在对意识形态的实质发生了困惑,他们忘记了意识形态本身就是一种社会学的因素,但又绝不是无所不能的:每种意识形态都有助于创造它所冒充为既已存在的东西。有谁真的仍然想在老的民主主义者中间到处炫耀社会的平等意识、民主的意识形态、市民骄傲(Bürgerstoltz),并将其作为同样有效却又毫无价值的东西予以解释,即使就是为了社会主义的发展?相反,这种社会平等意识是对仍然存在的经济上的不平等持久批判的培养基。在公式化民主中,一种不可抵御的重力始终起着决定性的作用,它将民主不断地引向一种现实的、社会的和经济的民主。……只有当民主的意识形态被认真接受时,民主才能生存和发生作用,才能扩展光大原本就造就其实质的作用。那种每个个别人都是自由和平等的虚构,即无视所有社会群体包括并主宰着每一个人,实际是以民主的意识形态说明国家与这些群体中的任何一种群体都毫无相同之处。民主的这个巨大进步超越了对它来说已是以往的半封建国家。"

第二、民主是全民国家或社会主义国家的国家形式。在阐释了民主的实质及其社会学起源的基础上,拉德布鲁赫来到了社会主义民主,即将民主作为社会主义国家的题中之义。其实,拉德布鲁赫置身其中的德国社会民主党就是发源于社会主义理论与实践的一个党派，其思想灵魂还是马克思主义。这个党派之所以在社会主义旗帜底色上加上了"民主"，也是因为这个党派的创始人深刻认识到，社会主义的根本问题还是主权在民，而主权在民的最终目的则是民众平等、财富共有和共同富裕。既然是主权在民，那么国家的存在则是必然的，问题是什么样的国家形式。正因如此，拉德布鲁赫对于马克思主义的国家消亡说予以扬弃。他认为："马克思主义关于国家的消极意识形态，那种以为由于无阶级社会的建立，国家就将寿终正寝、自行灭亡，并且和脚踏纺车与铜斧同样都归存于古代社会博物馆的理论，归根到底还是建立在把国家与阶级国家两个术语等同使用的基础上。

但是，这种理论由于其半无政府主义可能会对一种新的国家思想发展产生危害和阻碍。"因此，拉德布鲁赫在此讨论这个问题绝不仅仅具有词义学上的意义，而是要引导出一种思想，即一个社会主义共同体确实可能不再是阶级国家，而是全民国家，但也依旧还是国家。至此，这个让我们今天感到头痛的问题已经不再是说："社会主义和国家，而是社会主义和国家形式，社会主义和民主。"在此，拉德布鲁赫四两拨千斤，以"国家"和"阶级国家"的澄清化解了矛盾，否定了"社会主义和国家"这个立论可能蕴含的两者矛盾关系问题，表明社会主义和国家的关系并不是问题的实质，"社会主义和国家形式"、"社会主义和民主"才是实质问题。于是，不动声色之中，拉氏已经将话题转移到自己将要展开的问题上来。

第三，民主的图画与现实。正像社会主义和国家并不矛盾冲突，问题只是什么样形式的国家一样，社会主义和民主也不矛盾冲突，问题只是什么才是真正、可行且有效的民主。拉德布鲁赫认为，长久以来人们围绕民主所展开的讨论和争论，实际上体现了"民主思想缔造者所描绘的民主想象图画与民主在其中予以表现的社会现实之间的矛盾"，质言之，这是一个理想与现实或图画与实际的问题。如何从理论上说明白这个问题？拉氏认为这可以从"民主社会学和民主意识形态"的区别予以阐明。可以说，这是他想要建立社会主义国家中民主运行思想基础的一个重要思想理论。

那么，什么是"民主的意识形态"？提出这个问题，本身就已表明这里的民主只是思想意识上的，而不是实际发生运行。拉德布鲁赫认为，民主的意识形态"基于主权在民的思想，即统治者和被统治者的认同"。在此情况下，"民众被视为自由平等的个别人的总和，在多数或少数中所表达的民众意志，是平等的个别选票事后偶然实现的总和。每张选票似乎都是一个自由的、最为独立的决定的结果——选民与所有上帝旨意依赖性的脱离，在选举棚内形象地得以体现"。其实，无论在资本主义社会还是社会主义社会，"民主"所以有巨大的号召力和魅力，就是因为所有作为国民、公民或市民存在的个别人，都能在意识形态的民主图画，即民主理想中扮演一个角色，体味自己的存在、实在和价值，这是人的本性使然，它回应了人的本性与欲求。因此，民主成为人类社会中每个成员都会认可的一个普遍价值。在民主图画中，"代议机关和政府实际上是分配整体民众选票和意见的写照，而这种写照的尺寸一步步地缩小，代议机关是民众意志的表达者，而政府则是民众意志的执行者。公务员阶层归根到底是一种机器，它没有自身意志，毫无摩擦、毫无抵抗地将政府所体现的民众多数的意志移植于现实之中"。在这里，拉氏用简单明了的几句话，将民主的图画中的选民、代议机关、政府和政府公务员实质和功能说得清清楚楚，让人觉得民主真是一个好东西！然而，这毕竟仅仅是图画，是一幅意识形态民主的理想图画。但问题是，民主必须要在现实社会中运行。这样一种局限于意识形态和思想理论的民主在现实社会中究竟怎样呢？

第四，社会学的民主。拉德布鲁赫认为，社会学的现实完全是另外一个样子。因为社会学民主看到了"民主不是由真正自由的、平等的个别人建成的砖房，而是由非常不同的社会群体、阶级和政党构成的多边形石头房，因为民众主权不是所有人对所有人的主权，而是较强社会群体对较弱社会群体的主权。所以，多数和少数不是自由平等的个别选票事后的计票结果，而是较强社会群体事先决定的一种表达"。如此一来，拉德布鲁赫对于意识形态民主的揭示可谓淋漓尽致。按照其揭示，我们似乎感到，在民主这个问题上，全部个人构成的民众，或构成民众的每个人，似乎自己也穿上了皇帝的新衣但却浑然不知。于是，这便埋下民主运行到一定阶段必然发生危机的前因。对此，拉德布鲁赫直截了当地指出，"民主的危机产生于，人们以个人的意识形态来估量民主的社会现实"。话说到了这个程度，如果我们仍然要坚持推行民主，那么如何去避免民主的危机发生呢？拉德布鲁赫认为，出路有两个：第一，直截了当地承认，民主对于个人主义的意识形态不对应；第二，通过"目的异质性"的交替作用创造一个新的、较有生命力的、现实民主的意识形态。显而易见，他的"社会学的民主"至此已经跃然纸上。

拉德布鲁赫所说的"社会学的民主"，实际上就是现实的、可运行的、真实的民主，是根据社会学意义上的自身规律性理性设定的民主。个人主义的意识形态在这种新的意识形态中没有任何意义。

在社会学意义上的民主语境下,"民主是一种国家形态,它不反对任何社会力量的角逐,它对每一种力量角逐都以前所未有的敏感立即予以政治上的表达,并且给每一项社会工作予以认可,只要它在这个无神的世界上还可能,这种认可就是民众多数意志的认可"。

第五,社会学民主与意识形态民主的区别。拉德布鲁赫认为,社会学的民主和意识形态的民主性质完全不同。"民主中的社会学与民主的意识形态具有天壤之别。"前者是社会学,一个客观考察;后者则是意识形态,一个是主观思想。但是,后者又是前者的组成部分,于是性质截然不同的东西又必然发生关系。这是因为,"与所有具有人类面孔的人都应该平等的意识形态相对存在的是阶级国家的社会学",故作为意识形态的民主自然应纳入社会学的民主。他指出,"意识形态本身还不是一种真理,但它却是一种将成为真理的力量"。因而,假如人们同时想将其既作为民主思想也作为意识形态全面考察的话,那么将意识形态置于民主思想其中来考察还是具有说服力的。其实,这个立场就是唯物主义历史观对我们所要求的立场,如果它就是对作为意识形态的经济活动的思想上层建筑予以揭示的话。"认识不到这种思想的力量,我们就会南辕北辙,相去愈远。……前者与后者一样,都不应该封闭自己的视野,意识形态和社会学这两者必然地,而且只能是共同地才能成为一支完整的大军。"

第六,社会学民主的问题。社会学民主同样也是有问题的,不过是操作和运行过程中的问题。例如,"这样一来,在现代社会中,资本的巨大力量地位就以民主这种形式毫无阻碍地表现出来。……这种民主就像一个总是听命于最强者的女人。她现在心甘情愿地向资本主义提供法律改革和法律认可,就如同她当初毫无抵抗地服膺于社会主义社会秩序的表达一模一样"。其实,近些年中国发生的资本快速扩张事实,以及由此产生的问题已经充分证明这点。不仅如此,在社会民主情况下,力量角逐成为所有政治活动的重心。用拉德布鲁赫的话说,选举和议会成为评估政治力量的车间和政治交易所,是一种政治清算程序。一个政党在议会外的力量有多大,那么它在议会里的影响就有多大。由此而引发争取社会和经济力量支持的斗争,这就是阶级斗争。其逻辑结果,就是各种政治手段都无所不用其极,其中包括一个政党所能采用的手段"新闻腐败"。不过,一旦如此,就有可能渐渐酝酿出社会的动荡。所以,"一个无产阶级政党所能采取的、一种危险的、一种只在极少数情况下才使用的,但却针对敌手颇为残酷的力量手段,同时也是最后的、唯一的手段就是:'新闻腐败'"。

第七,社会学民主情形下的政治口号。在对党派斗争中的"新闻腐败"手段进行了分析批评之后,拉德布鲁赫还对党派斗争的另一手段"口号"作了分析。他认为:"在某种程度上,在民主和一个大的党派中,标语口号是不可缺少的,是的,就像在一个军队中不可缺少口令一样。不过,人们究竟不可以过高地估计这种标语口号。这种口号只是对某些仅仅在一定条件下和一定时间里才具有的正当性所描述的简短的、无条件的公式。所以,使用这个口号的人必须十分小心,而将口号付诸行动的人们更是永远不要舍弃批判,永远不要以为这类口号涉及原则,相反,它只涉及一些针对现实情况所概括总结出来的公式,此时此刻急切为之的事情,随后可能就不再必要。"在这里,他非常清楚地对口号的性质作了说明,对口号的作用及其在特定情况下的必要性给予了正面的评价。但是，与此同时，他又非常尖锐明确地指出了口号的局限和危险。他的这个分析和观点，无疑已为历史和现实所验证是正确的。因此，即使是在今天，我们使用和面对口号时，仍然可以从中得到启发。

第八，社会学民主情形下的联合政治。在对社会学民主进行分析阐释之后，拉德布鲁赫还对政党与民主的关系、两党制运行路径极其危险、联合政党制度的安全稳定性、政党政治中出现领袖的必然性和必要性、政治家和政治领袖的区别等等，阐明了他的观点。他针对联合政治的问题特别指出，对于一个信仰党派来说，妥协往往有背叛自身信念之嫌。因此，每一种联合都会使信仰党派面对质疑，这是联合政治总是要一次次面对的、十分艰难的问题。但是，拉德布鲁赫明确表示他信奉联合政治，即使大联合思想遭遇了失败，他也仍然认为一个工人政府不可达到的，甚至从来不可以企及的，在联合政治中可以实现。所以，党派合作很困难。但是，大联合政府是最正确的形式。

第九，社会主义与法治国家。如前所述，此书的大部分内容都是作者二十世纪三十年代前的政论文章，严格意义上讲，只有此书的"后记"才是作者为1949年第3版所补充的文字。在德意志民族经历了一场浩劫之后，作者在第3版扉页的献辞中特地说明，这是为了纪念他的死于非人性的三个社会民主党朋友。这篇后记虽然文字不多，但纳粹统治德意志这段历史所发生的一切，其无比惨痛的经验教训，给这篇"后记"打下了有似染满德意志人民乃至整个世界人民鲜血的烙印，使这篇"后记"所表达的思想观点更有价值，更令人深思。因此，这篇"后记"是读者尤其应该细读和领悟的篇章,当然,这并不意味着此前的文章不重要。相反,读完前面的文章再读他的"后记",则能更深刻地理解他前面表达的理念、观点和立场。从某种程度上讲,"后记"其实是在相当长的时间后,作者以血、泪、痛对社会主义理论、道路和经验所作的总结。这个总结的要点很简单,就是无论如何要建设一个"法治国家",这也是整个德意志民族对第二次世界大战中"集体过错"反思而得到的"集体教训"。第二次世界大战以来,德意志民族法治国家的观念越来越深入人心,以致直到今天德国都小心翼翼处理内政外交。纳粹统治带来的浩劫,使德意志民族几近崩溃,其惨其痛,足以使德意志民族百年生聚,百年教训。

在我看来,"后记"中有许多可以说是"金玉良言"。在此仅引其一段"金句"作为社会主义和法治国家关系的提示:"我们对于自己的目的确实是如此的清楚,以至于想要将我们自己在所有时代都受到束缚吗?……根据已有的经验,我们发现一种完全的社会主义的集权危险要大于以往,我们必须要考虑通过一种'自由社会主义'(frei Sozialismus,韦伯语)而与之遭遇。集权主义在两个方面都认为法治国家是'自由主义的',是可以弃之如废铜烂铁的'市民的'——其实这样的后果我们已然有了经历。所以,即使是社会主义者也必须普遍深入地具有这样的信念,即民主的人民国家同样也必须是一个法治国家,也必须按照权力分立的原则建立,并且承担尊重和保护人类基本权利的义务。我们所要的是法治国家、人的自由而不是任何专政,即使是称之为'无产阶级专政'(Diktatur des Proletariats)。我们所需要的是科学的自由而不是教条的强制,即使它是一种给定的科学社会主义强制。…… 永远都不可以再说:

'你什么都不是,你的人民才是一切!'(Du bist nichts, dein Volk ist alles.)"

第十,思想观点冲突之处。不得不再次提及的是,拉德布鲁赫的思想观点有时似乎有相互矛盾的地方,这在他论述社会主义民主问题上又一次闪现。他虽然不遗余力地为社会主义及其民主路径论证,但又并不坚持绝对的社会主义政府。也就是说,他把社会主义制度和社会主义政府区分开来了。他认为:"在一个资产阶级和无产阶级之间没有权力分配,而且说实话是不平等地分配了的社会中,一个纯粹的社会主义政府假扮着一种劳动阶层力量出现,但它并不存在,它唤醒着那种必然成为泡影的期待,扩大着那种损害着劳动者政党影响的失望。"不过,无论拉德布鲁赫的这个观点是否自相矛盾或正确与否,实际都表明了他是以科学的态度探讨着社会主义民主思想与实践。

# 八、社会主义与民族

民族是一个涉及人类学、社会学、历史学和文化学的重要问题,如何理解民族,直接影响对于文化、国家乃至人类社会的理解。对于这个重要问题,拉德布鲁赫也作了较深入的探讨。不过应该说的是,中西方文化有一个重大的不同,即当中国人讲民族和国家时,其界限是十分清楚的,民族就是民族,国家就是国家,这也许是中国长期历史进程中自然而然地形成了一个多民族国家的缘故,虽然泱泱大国,但民族的意识和色彩始终是一个最重要的国家构成元素。直至今天,中国人的身份辨别时仍然有"民族"一项。这个辨识项以后会不会改变或消失尚不知道，无疑是个值得研究的问题。但西方人讲民族时，很多时候和国家是同义的，区别只在于语境和场合。是否这是因为民族元素对西方国家构成不似中国那样突出，恐怕是一个要进行深入研究的问题。在拉德布鲁赫这部书中，他此处所使用的"Nation"一词，显然更多地是在讲"民族"。

拉德布鲁赫认为，"如同社会主义不否认个人之间的不平等。……社会主义同样也丝毫不否认民族的不平等和民族的特点。如同民主不是由相同的个别人构成的砖头建筑，而是由不相同的个别人构成的不相同社会团体建成的条石建筑一样，我们所谓的国际也是一个由各种民族构成的条石建筑，而不是由相同个别人构成的砖头建筑"。在这方面，他认同法国社会学家饶勒斯的观点，即世界不是相同民族构成的"灰色国际"或"广大的平均"，在这种情况下，所有特征和精神的形式与色彩都丧失殆尽。相反，它是一个民族的世界联邦，而这个联邦又是"拨动着人类竖琴琴弦的所有人的祖国"。基于这种观点，拉德布鲁赫提出了一个非常重要的社会主义观点，这就是："对于社会主义来说，国际社会必须是一个具有民族劳动分工的国际劳动共同体。"其实，我们今天谈论并为之努力的人类命运共同体，实质上不正是这样一个目标吗？为此，我们不能不承认拉德布鲁赫思想的洞见与前瞻。

既然承认民族存在的必然性及其价值，那么就必然产生与民族相关的一系列问题，如民族意识和民族文化等。什么是民族意识？拉德布鲁赫认为："民族意识是一个人类价值与生俱来的载体的意识，即'人类民族'（Menschheitsvolk）。……人类的价值，不是用特定民族文化手中的镜子照出来的，也不是从历史上绵延不断、得以存续的种族中产生,事实上,也不是去认识那种有宝贵价值的民族特色的书法,因为这仅仅是一个具有自我意识的民族的表现方式。"

显然,这里又引出了民族文化的问题。他认为"民族是一类具有自身特征的大众,这种特征以文化作为表达。所以,民族实质上是文化民族"。而文化的多样性,又决定了必然要保持民族的特性,而这种保护往往要在一种民族力量的面纱之下实现。然而,"这种力量不是为了要把自身文化强加给别的民族,而是为了保护自身文化免受外来力量的威胁"。如同他在论述个人主义时所说的,在这里,他也认为:"如同个性一样,民族性也属于那些只有在人们不去刻意追求时才会获得的价值——只有通过对事业的忘我牺牲才会取得的价值。"不仅如此,他还指出片面追求民族特征可能导致沙文主义的危险。他说:"所有国家的沙文主义者都会以本身的实质至少表明这么一点,即他们所为之奋斗的就是民族特征。可在所有民族必然地以同样的手段展开的力量角逐中,各个民族越来越丢失了其民族特征。在第二次世界大战中,法兰西'精神'(Esprit)、英国的'共同意识'(common sense)、德国的'气质'(Gemüt)之间的相互搏斗,难道不正是这样吗?所不同的只是表现为机关枪、飞机和坦克的数量和规模。这恰恰就是战争最深层的无意义性,即以力量的手段来决定其民族特征的影响和扩张,而这种力量和与影响根本没有内在联系!"他又说:"真实的民族感如同真实的爱一样,只能存在于内心里而不是嘴上。"

在此思想基础上,拉德布鲁赫将社会主义的民族观念和文化沙文主义作了比较批判。他说:"但是那种沙文主义的文化观,是有意识地要追求作为其本来目的的民族力量,从而与社会主义的民族观念有意识地尖锐地区分开来。……在沙文主义观念看来,民族就是'力量'(Machte),是根据其力量的大小相互区分和相互比较的,但在质量上则是没有差别的。沙文主义观念的最高点就是战争,但同时也是民族差异的最低点。"对于战争的结果,他提出了被历史所证实的批判:"战争,既是对国家力量的测量,也是对文化的严峻检验。战争的胜利不断地被作为正义的起点而被人们赞颂,直到自己最后也失败。"他指出:"最为有实质性的文化占有绝对不可能一下子全部转化为军事能量。歌德、但丁、莎士比亚、莫里哀的文化价值不会作为鱼雷发射、作为毒气施放,可是如果鱼雷和毒气决定了这个世界的一种语言在何种程度上传播并因此而使一种文化得以享用,那么起决定作用的就不是战争的神明裁判,而是偶然的掷骰子游戏。……最高的文化价值并不由军事力量的指数来表明,而且根本不是由数量确定来表明。文化是不可测定的量,纯粹的、不可比较的质。如果谁将民族看作是竞争的或完全战斗的不同文化群体,那么文化民族也就不会在其视野之内。"

最后,还应该特别提到的是,拉德布鲁赫声称:"社会主义和和平主义具有同样的基础和精神。"显而易见,他的这个立场观点,表明他是一个世界主义者。其实,他的整个思想体系似乎也早就注定他是一个世界主义者:他悲天悯人的宗教情怀,他笃信所有人、所有民族平等的思想,他的人类价值观念,他的文化理论等等,都必然将其引向世界主义者。正如他在谈论文化民族和民族文化时说的:"文化使命的本身具有国际的特征,作为文化作用的使命,不存在任何特别的德国的真理、美丽和伦理。文化民族和民族文化绝不是思想目的。如同那种人身性的特征一样，民族的色彩从来都不能成为一个文化工作的思想副产品。谁不追寻这个事业，而是追随他的想象，即个人的和民族的特点那种沾沾自喜的表达，那么他就会错过这个事业，从而也就无法获得个性或民族性。如同个性一样，民族性也属于那些只有在人们不去刻意追求时才会获得价值——只有通过对事业的忘我牺牲才会取得的价值。"

拉德布鲁赫的世界主义情怀，还可从他对歌德的推崇看到。在这部著作中的最后一章，他以题为"歌德和我们"的专章，讨论和赞扬了歌德的思想理念。他认为，歌德所追求的并不是一个朦胧渺茫的国际主义文化，而是诸多个别民族作为人类竖琴上振荡着的琴弦一起合奏出来的国际主义文化之声。正如他所说的："如果人们能够设身处地了解个别人类和个别民族群体的特别所在，而且确立这样一种信念，即真正的伟大功勋是因为它属于全人类而被授予的，那么一种真实而普遍的宽容就将最有可能实现。"这充分体现了他作为一个文化学者的博大胸怀，而且，"正是因为歌德有如此的思想境界和胸怀，他本人才得以作为德意志的精粹与精华荣属于整个人类"。

虽然，拉德布鲁赫正是以歌德的胸怀为胸怀，他本人也恰恰因此得以作为德意志的精神与精华而荣属于整个人类。

**图书在版编目(CIP)数据**

社会主义文化论/(德)拉德布鲁赫著;米健译.—北京:商务印书馆,2024(2024.9重印)
ISBN 978-7-100-23252-4

Ⅰ.①社… Ⅱ.①拉… ②米… Ⅲ.①社会主义—研究 Ⅳ.①D091.6

中国国家版本馆 CIP 数据核字(2023)第 233881 号

**权利保留,侵权必究。**

### 社会主义文化论
〔德〕拉德布鲁赫 著
米健 译

商 务 印 书 馆 出 版
(北京王府井大街36号 邮政编码100710)
商 务 印 书 馆 发 行
北京市白帆印务有限公司印刷
ISBN 978-7-100-23252-4

2024年3月第1版　开本 850×1168 1/32
2024年9月北京第2次印刷　印张 6½
定价:45.00元